JN108722

DX時代の内部監査手法

アジャイル型監査
リモート監査
CAATs

島田 裕次
荒木 理映　著
設楽　　隆

同文舘出版

はしがき

　デジタル技術が急速に進展した結果，今までできなかったことが可能になっている。AI，IoT，ロボットなどが様々な分野で導入され，データサイエンティストが注目を集めている。監査分野でもAIやCAATs（コンピュータ支援監査技法）の導入が進展しつつある。

　これに伴って，市場におけるライバル企業は，同業種の企業だけではなく，異業種の企業や新興企業が自社の市場に参入して，今までとは全く異なる新たな事業活動を開始する企業（ディスラプター）が出現している。このようにデジタル技術が社会を大きく変えつつある。

　一方，地球温暖化，エネルギー問題，国際紛争，自然災害など様々な問題が発生しており，企業を取巻く環境が大きく変化している。企業には，SDGs（Sustainable Development Goals：持続可能な開発目標）への対応も求められている。

　内部監査は，企業等の組織体の価値を高め，保全していくことを使命としているので，このような様々な課題に対応できているかどうかを監査し，指摘・改善提案を行わなければならない。そのためには，従来のような監査手法や監査技法だけでは，DX（デジタルトランスフォーメーション）時代に対応した内部監査を実施することは難しい。そこで，このような時代に対応した監査手法・監査技法を解説することを目的として，本書を執筆することにした。

　第1章では，DXが内部監査に及ぼす影響について説明する。第2章では，監査手法と監査技法について，今まで行われていた監査手法（ウォーターフォール型監査）と，最近注目を集めているアジャイル型監査を取り上げて説明する。第3章では，監査を理解する上でのベースになっているリスクやリスクアプローチについて説明する。

　第4章は，リスクの変化に対応して適時かつ柔軟に対応しやすい監査手法であるアジャイル型監査について，詳しく説明する。アジャイル型監査を導

i

入している内部監査部門は少ないので，理解を深めていただくためにアフラック生命保険株式会社内部監査部での取組み状況を紹介する。第5章では，新型コロナウィルス感染症拡大への対応策の1つとして実施されているリモート監査について，メリットとデメリットを含めて説明する。筆者らの実務経験を踏まえて説明しているので，実務での参考になると思う。

　第6章では，DXが内部監査にどのような影響を及ぼすのか，監査対象の変化や，内部監査自体のDXについても検討する。第7章では，デジタル化の推進に伴って重要性を増しているデータを監査でいかに活用すればよいのか，CAATsについて詳しく説明する。第8章では，内部監査の高度化を図るために，経営に資する監査をどのように推進すればよいのか，未来志向の監査や目的志向の監査といった新しい考え方を説明した後に，全数調査，GRCシステムの利用，AIを利用した監査など，内部監査を変革するためのポイントを説明する。

　内部監査を実施する際には，監査手法や監査技法に関して詳しく知りたいという声が少なくない。また，アジャイル型監査をどのように実施すればよいのか，リモート監査やCAATsを試行錯誤で行っているが，これでよいのか悩んでいる内部監査部門も多いと思う。本書は，このような声に対応することを目的に執筆したものである。

　本書の執筆に際しては，同文舘出版株式会社の青柳裕之氏と大関温子氏から貴重な御助言や御支援をいただいた。この場を借りてお礼を申し上げる。最後に本書が付加価値の高い内部監査を実践するために貢献できれば幸いである。

2022年9月

著者を代表して

島　田　裕　次

第 5 章　リモート監査

第 **6** 章　DXと内部監査技法の変化

第 7 章　CAATs（コンピュータ支援監査技法）

第 8 章　監査の高度化のために

本書の読み方

（1）本書のねらい

　近年，DX（デジタルトランスフォーメーション）が注目を集め，各社では，厳しい経済環境で勝ち抜くために，様々な取組みをしている。例えば，AIの導入，ビッグデータの活用，IoTの導入による効率化，テレワークを利用した働き方改革などがある。

　このように新しいデジタル技術が導入されると，それに伴って，新たなビジネスが立ち上がったり業務プロセスが変化したりして，今までなかったリスクが新たに生じることになる。経営者の立場から見ると，新技術の導入によって生じる新たなリスクが分析され必要な対策が講じられているかどうかが気になるところである。

　DXは日々進展しているので，新しいリスクが日々生じることになる。また，デジタル技術には，脆弱性というセキュリティ上の課題が日々発生しており，それへの対応を適切・適時に行わなければならない。内部監査人は，このようなリスクを的確かつ適時に識別して，必要なコントロールが整備・運用されているかどうか確かめる必要がある。

　本書は，このようにリスクの変化が激しい状況に対応するための監査手法として，アジャイル型監査について解説する。アジャイル型監査を導入している企業はまだ少ないが，リスクの変化の激しい企業にとって有効な監査手法である。アジャイル型監査の導入によって，内部監査の価値向上につながることを期待している。

　さらに，DX時代では，ビジネス活動におけるデータの重要性が一層高まることになるが，データを内部監査で活用していくことも重要になる。つまり，監査についてもDXを推進することが重要である。DX時代に対応した監査技法の変革，つまりデータを活用した監査技法（CAATs）について解

説することをもう１つの目的としている。

（２）本書の読み方

本書は，読者の好きな章から読み始められるように執筆している。

急いでいる読者の方

監査実務で必要な部分から読まれてもよい。例えば，アジャイル型監査に取り組みたいと考える方は，アジャイル型監査の章（第４章）から読むとよい。

内部監査部門に異動して日が浅い方

従来型の内部監査（ウォーターフォール型監査）の章（第２章）の部分を読んでから，アジャイル型監査（第４章）を読むと理解しやすい。

監査技法について学びたい方

監査では，インタビュー（質問），文書の閲覧，観察など様々な監査技法があるが，監査技法について学びたい方は，監査技法の章（第２章）から読まれるとよい。監査経験の豊富な執筆者が自身の経験を踏まえて説明しているので，実践的な内容になっている。

データ分析によって内部監査の品質を高めたい方

CAATsの章（第７章）が参考になる。CAATsでは，疑義のあるデータをどのように発見すれば良いのか，筆者の経験を踏まえて監査の着眼点を説明しているので，実務の参考になると思う。

以上のように，読者諸氏の関心のある章を読んでいただければ監査実務での参考になると考えている。

（3）用語の説明

ここで，本書で用いている用語について，補足説明をしておきたい。

①アジャイル型監査

アジャイル型監査については，アジャイル監査といわれることがある。アジャイル監査という用語を用いると，監査がアジャイル型で行われる場合と，アジャイル型業務を監査する場合の2つの意味に捉えられてしまって，混乱することになるかもしれない。そこで，本書では，監査をアジャイルの概念や手法を用いて行うという意味で，アジャイル型監査で統一している。

アジャイル型監査に対して，従来型の監査は，ウォーターフォール型監査と呼ぶことにした。ウォーターフォール型監査という用語は今まで使われていなかったが，システム開発の世界に合わせて，ウォーターフォール型監査とした。アジャイル型監査との違いを明確にすることが目的である。

②監査手法と監査技法

監査手法と監査技法については，必ずしも明確な定義があるわけではないが，本書では，監査手法と監査技法を次のように定義している。

監査手法とは，アジャイル型監査，ウォーターフォール型監査，リスクアプローチ監査，サイクル監査，リモート監査といった監査のアプローチの方法のことをいう。

一方，監査技法は，インタビュー，閲覧，突合，観察，再実施，CAATs（コンピュータ支援監査技法）といった監査証拠を入手するための方法のことをいう。

以上のことを踏まえて，本書を読んでいただき，DX時代に対応した内部監査の実践に活かしていただければ幸いである。

第 1 章

デジタル社会と内部監査

本章のポイント

　DX（デジタルトランスフォーメーション）によって，事業活動や業務プロセスも大幅に変化しており，内部監査の対象領域におけるリスクも大きく変化しているので，それに対応した内部監査の実施が強く求められている。

　本章では，内部監査の意義を再確認した後に，DXと内部監査の関係について説明する。内部監査人は，DXに伴うリスクの変化を識別し，それに必要なコントロールを考えなければならない。なお，内部監査人協会（The Institute of Internal Auditors：IIA）が提唱する3ラインモデルの視点から，DXをどのように捉えればよいのかについても説明する。

1 内部監査の意義

（1）組織体の価値を高める内部監査

　内部監査は，企業の経営や業務改善に資するために，会社のリスク管理や内部統制の仕組みを業務執行側とは独立した立場で評価する業務である。内部監査は法律で定められているものではなく，企業が任意に実施できるものである。しかし，企業が内部監査の内容を独自に決めてしまうと，ステークホルダーから見るとどのような内部監査を実施しているのかがわからず，企業によって内部監査の品質に大きなバラツキが生じてしまう。

　そこで，国際的な内部監査人の団体である内部監査人協会（The Institute of Internal Auditors：IIA）は，『専門職的実施の国際フレームワーク』において，「内部監査は，組織体の運営に関し価値を付加し，また改善するために行われる，独立にして，客観的なアシュアランスおよびコンサルティング活動である。内部監査は，組織体の目標の達成に役立つことにある。このためにリスク・マネジメント，コントロールおよびガバナンスの各プロセスの有効性の評価，改善を，内部監査の専門職として規律ある姿勢で体系的な手法をもって行う」と定義している。

　また，内部監査の使命は「リスク・ベースで客観的な，アシュアランス，助言および洞察を提供することにより，組織体の価値を高め，保全すること」と定義されている。

（2）内部監査部門の状況

　日本における内部監査は，「企業経営者の要望によって生じる私的自治の問題」[1]と位置付けられてきた。企業が上場する際には，審査上内部監査の設置が必須要件となるため，多くの上場企業では設置されているものの，

内部監査部門に力を入れる企業は必ずしも多いとはいえない。一般社団法人日本内部監査協会『2017年監査白書』（2019年２月）によれば，小規模内部監査部門（内部監査部門に専従する人員数が３人以下）は，調査対象1,362社のうち52.4％（2017年）である。年々強化されつつあるといっても，内部監査部門の陣容は十分だとはいいがたい（**図表1-1**）。

図表1-1　内部監査部門の人員数

人員数	2017年	2014年	2010年	2007年
1名	281社（20.6％）	300社（20.6％）	381社（21.3％）	333社（24.0％）
2名	232社（17.0％）	295社（20.3％）	391社（21.9％）	319社（23.0％）
3名	201社（14.8％）	206社（14.2％）	255社（14.3％）	165社（11.9％）
4名	133社（9.8％）	133社（9.1％）	185社（10.3％）	132社（9.5％）
5名	94社（6.9％）	110社（7.6％）	100社（5.6％）	72社（5.2％）
6名	72社（5.3％）	73社（5.0％）	83社（4.6％）	60社（4.3％）
7名	45社（3.3％）	44社（3.0％）	51社（2.9％）	48社（3.5％）
8名	44社（3.2％）	34社（2.3％）	56社（3.1％）	31社（2.2％）
9名	45社（3.3％）	35社（2.4％）	27社（1.5％）	20社（1.4％）
10名以上 14名以下	89社（6.5％）	82社（5.6％）	94社（5.3％）	87社（6.3％）
15名以上 24名以下	70社（5.1％）	75社（5.2％）	79社（4.4％）	55社（4.0％）
25名以上 49名以下	41社（3.0％）	49社（3.4％）	60社（3.4％）	43社（3.1％）
50名以上	15社（1.1％）	18社（1.2％）	27社（1.5％）	22社（1.6％）

出所：一般社団法人日本内部監査協会（2019）『2017年監査白書』p.18。

（3）コーポレート・ガバナンスと内部監査

　日本企業に対する統治，すなわち，コーポレート・ガバナンスへのステークホルダーの関心は高まり続けている。米国では2000年代初頭に起きたエンロンやワールドコムの不正会計事件を契機にして，サーベインズ・オックス

リー（SOX）法が成立し，内部統制に対する経営者の評価は，財務諸表に必須のものとなった。日本においても，2006年に金融商品取引法上における内部統制報告制度（日本版SOX法やJ-SOXと呼ばれている）が成立し，財務諸表に影響のあるプロセスを対象とした内部統制の整備が求められることとなった。このように，企業の内部統制に注目が集まる中で，ガバナンス・プロセス，リスクマネジメントおよびコントロールを監査対象とする内部監査の重要性についても着目されるようになった。

さらに，2015年には，金融庁と東京証券取引所が，企業の持続的な成長と中長期的な企業価値の向上を図る目的で，「コーポレートガバナンス・コード」を策定した。その中で，内部監査が，取締役会および監査役会に対して，企業を監督あるいは監査する上で重要な情報を提供する機能であることが示されている。

2021年6月改訂「コーポレートガバナンス・コード」（4－13③）において，「上場会社は，取締役会および監査役会の機能発揮に向け，内部監査部門がこれらに対しても適切に直接報告を行う仕組みを構築すること等により，内部監査部門と取締役・監査役との連携を確保すべきである。」（下線は筆者）と示されており，取締役会および監査役会には，内部監査部門との十分な連携を確保することが求められている。

日本においても，内部監査の意義が経営陣・取締役会に認識されるようになってきている。しかし，このような整備が行われるようになったものの，ガバナンスの優等生と呼ばれた株式会社東芝の不正会計問題が2015年に発覚し，ガバナンスの脆弱性を露呈することになった。また，同社の2020年株主総会が公正に運営されなかったという例からもわかるように，ステークホルダーの負託に応えられない大企業の報道が後を絶たないのが現状である。

企業不祥事があるたびに，内部監査がどのように機能を発揮していたかが調査され，不祥事対策として内部監査の強化が取り上げられている。このように内部監査が果たす役割は益々重くなり，ステークホルダーからの内部監査に対する期待は，より一層高まっている。

　内部監査人は，このようなステークホルダーや社会の期待に応えるべく，質の高い監査を実施し，その結果を取締役会等に提供することによって，企業の強固なガバナンス態勢の維持・構築の一翼を担うことが求められている。

2　DXと内部監査

（1）DXとは何か

　DX（デジタルトランスフォーメーション）が最初に提唱されたのは，スウェーデンのウメオ大学のエリック・ストルターマン教授だといわれている。彼の定義によれば，DXとは「ITの浸透が人々の生活をあらゆる面でよりよい方向に変化させる」というものである[2]。

　また，2018年に経済産業省が発表した「デジタルトランスフォーメーションを推進するためのガイドライン（DX推進ガイドライン）」では，DXを「企業がビジネス環境の激しい変化に対応し，データとデジタル技術を活用して，顧客や社会のニーズを基に，製品やサービス，ビジネスモデルを変革するとともに，業務そのものや，組織，プロセス，企業文化・風土を変革し，競争上の優位性を確立すること」と定義している。

　つまり，DXとは，「データとデジタル技術を活用して，企業そのものを変革していくもの」といえる。

（2）DXによる企業のディスラプターの出現

　デジタル技術を取り込む戦略は，企業によって様々であり，今後のデジタル化について，1つの形を予測することは難しい。なぜならば，デジタル技術は日々進展しており，新しいデジタル技術を組み合わせた革新が起こっているからである。例えば，AI（人工知能）とビッグデータを組み合わせて

新しいビジネスを創出したり，IoT（Internet of Things：モノのインターネット）を活用してマーケティングや業務のあり方を変えたりして，ビジネスプロセスが大きく変化している。

　企業がDXを積極的に採用しなければ，DXの影響を受けないというわけではない。競合他社がDXを推進すれば，自社の競争力が低下することになる。また，それだけでなく，これまで存在しなかったディスラプター（破壊的企業）と呼ばれる既存企業を脅かす企業（**図表1-2**）が登場した時に，自社のビジネスに及ぼす影響は大きい。ディスラプターが誕生した業界では，これまでのビジネスに対する概念が根本的に変わり，ビジネスモデルが全く別のものになるため，DXに対応できない企業は，淘汰される可能性が高い。

　さらに，ディスラプターが直接，自社の産業に参入することで影響を与える場合だけでなく，全く別の企業がDXを進めることにより，自分の企業のコアとなるビジネスプロセスにクリティカルな影響を与えることもある。

　例えば，電子マネーによるキャッシュレス決済の普及が挙げられる。この場合，既存の競合企業となる銀行だけでなく，直接顧客と取引するすべての企業においてキャッシュレス決済に対応すべきか，対応する場合にはどのプラットフォームを採用するのがよいのか，その場合のリスクにはどのような

図表1-2　ディスラプターの例

	既存の企業	ディスラプター（例）
車による移動	タクシー会社	Uber（配車サービス）
宿泊	ホテル，民宿	Airbnb（民泊サービス）
家庭での娯楽	テレビ	YouTube，Amazon Prime，Netflix（インターネットによるコンテンツ提供）
買い物	小売店，百貨店	Amazon，楽天（ネット宅配）
電子送金，支払	銀行	電子マネー決済（PayPayなど）

出所：内山悟志（2020）『未来IT図解 これからのDX（デジタルトランスフォーメーション）』エムディエヌコーポレーション。

ものがあるかといったことを検討することが求められてくる。

（3）DXによる生活様式の変化

　新型コロナウイルス感染症の流行という外部環境の変化が結果としてDX
を推進することになった。感染拡大期はなるべく出社しない，人と直接顔を
合わせたコミュニケーションをしないことが求められ，コミュニケーション
を可能な限り対面ではなく，リモート会議といったデジタルで実施するよう
になった。例えば，経済産業省は，新型コロナウイルス感染症の流行に対す
る措置として，事業者に対し，出勤者の7割削減に取り組むよう要請した。
その結果，2021年4-5月のテレワーク実施率は約30％，新型コロナウイルス
感染症流行前の2019年12月と比較して全国では約3倍に拡大した（**図表1-3**）。
　このように企業は，自社の戦略や方針（内部環境）だけではなく，外部環

図表1-3　地域別のテレワーク実施率（就業者）

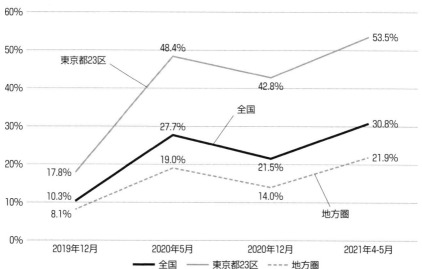

出所：内閣府（2021）「第3回　新型コロナウイルス感染症の影響下における生活意識・行動の変化に
　　　関する調査」6月4日。

境の変化にも対応せざるを得ない時代になっている。今後，新しいライフスタイルや働き方がどのように変化するかを予想することは難しい。しかし，今まで「テレワークは不可能」と考えられていた業務の多くが，テレワークでも可能であることが証明されたので，新型コロナウイルス感染症流行以前と同じような働き方に戻ることはないと考えられる。

　今までの対面業務や外出・出張が削減され，デジタル化が進むことは避けられない流れとなり，これまで紙で行われていた業務も今後さらにデジタル化が進むことが予想される。DXは，人々の生活をあらゆる面で変化させ，企業の活動もあらゆる面で変化させるものだといえる。

（4）DXに対応する内部監査

　DXによって，業務が対面からオンラインへ，また紙中心の業務からデジタル中心の業務へと移行していることを述べてきた。業務執行部門における仕事の方法や，コミュニケーションが変化するため，それらを監査対象とする内部監査の手法・技法も当然のことながらデジタル化に対応しなければならない。

　DXが進む中で，内部監査人が現場に往査したらどうなるだろうか。往査先の職場には，出社している社員がほとんどおらず，内部監査のために社員がわざわざ出社せざるを得ないという状況が生まれるかもしれない。もちろん従業員の自宅に往査をするのも非現実的である。

　そうすると，テレワークを行う従業員に対しては，往査するといった従来の監査手法・技法が採用できなくなる。文書などがデジタル化されているにもかかわらず，紙に出力したものを監査証跡として求めたらどうなるだろうか。監査対象部門からの反発が大きいことは明らかである。また，こういった時代遅れの内部監査のやり方や，それによる改善提案に対して不信感を持たれるかもしれない。

　それでは，これまで実施していた「予備調査→往査→報告書」という従来型監査手順は，往査が難しい場合，どのように変えたらよいのだろうか。今

後，各種業務プロセスのデジタル化がさらに進展したら，どのように監査証跡をチェックしていくのだろうか。本書では，DXに対応する内部監査について詳しく検討していきたい。

（5）進展する技術に対応する内部監査

　DXには，新しいテクノロジーの創出という側面とともに，新たなリスクの発生という脅威を生む側面もある。例えば，サイバーセキュリティ対策の不備による，企業の情報資産の毀損や不適切なAIの導入によるビジネスの混乱，財務諸表の誤りといったリスクが考えられる。

　図表1-4は，PwC（プライスウォーターハウスクーパース）が実施した「2019年内部監査全世界実態調査」の結果である。クラウド，インテリジェントオートメーション，IoTといった技術が自社で採用されている場合，内部監査はこれらの技術を理解し，またこれらの技術の導入によるビジネスプ

図表1-4　内部監査部門におけるテクノロジーの使用状況

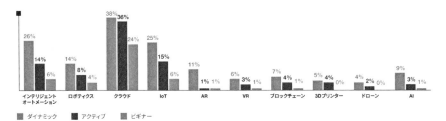

注　：質問項目および回答数は以下のとおりである。
　　　PwCではこの調査において，最もデジタルに適合している会社を「ダイナミック」，次いで適合している会社を「アクティブ」，デジタル化に向けた取り組みが初期段階の会社を「ビギナー」としている（図表1-5も同）。
　　　[質問] 以下に挙げる新たなテクノロジーについて，貴社の現在の監査対応状況を最もよく説明しているものはどれですか？
　　　回答数：ダイナミック98社，アクティブ140社，ビギナー271社
出所：PwC (2019) Elevating internal audit's role: The digitally fit function (2019 State of the Internal Audit Profession Study) . （PwCあらた有限責任監査法人訳 (2019)「2019年内部監査全世界実態調査―デジタル化で高まる内部監査の役割」p.10。）

ロセスのリスクを識別し，内部監査を行えるだけの知見が必要になる。

（6）DXに対応するための監査技法

内部監査人には，新しい技術に対する知見を持ち，内部監査を実施できる

図表1-5　内部監査部門におけるデジタルスキル強化のための取組み

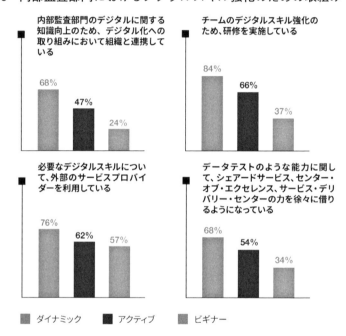

注　：質問項目および回答数は以下のとおりである。
　　　上図［質問］貴社の内部監査部門は，部門のデジタルニーズを満たすために，新たな人材獲得
　　　や社員のスキルアップに関してどのような計画を立てていますか？（「現在実施中」
　　　の回答を集計）
　　　回答数：ダイナミック98社，アクティブ140社，ビギナー271社
　　　［質問］貴社の内部監査部門は，以下の説明文はどのくらい当てはまりますか？（「同意」また
　　　は「強く同意」の回答を集計」）
　　　回答数：ダイナミック97社，アクティブ137社，ビギナー254社
出所：PwC（2019）Elevating internal audit's role: The digitally fit function（2019 State of
　　　the Internal Audit Profession Study）．（PwCあらた有限責任監査法人訳（2019）「2019年
　　　内部監査全世界実態調査—デジタル化で高まる内部監査の役割」p.13。）

10

能力が求められるとともに，新しい技術を活用して，内部監査の付加価値を向上させ，内部監査部門の効率化も求められる。

　内部監査部門は，監査調書や監査プロセスのデジタル化に加え，AIやRPA（ロボティック・プロセス・オートメーション）も利用できるようになることが望ましい。内部監査部門のリソースは限られているので，単純な監査業務を自動化し，内部監査人はより創造力を必要とする作業に注力したり，新しい技術に知見のある内部監査人や外部リソースを強化したりする必要がある。

　PwC「2019年内部監査全世界実態調査」によれば，デジタル化に対して先進的な取組みをしている内部監査部門では，デジタルスキル強化のための研修や外部のサービスプロバイダを活用するといった取組みを始めている（**図表1-5**）。内部監査部門長は，監査部門のデジタル化の取組みに関する情報を収集して，中期的な戦略を策定しておくとよい。

3　DXと３ラインモデル

（１）３つのディフェンスライン（防衛線）モデル

　３ラインモデルとは，IIAが2013年に発行した「有効なリスク・マネジメントとコントロールにおける３本の防衛線」で提唱された組織体におけるリスクマネジメントとコントロールの有効な管理のためのフレームワークを2019年６月に進化させたものである。ここでは，３つのディフェンスライン（**図表1-6**）について説明した後，３ラインモデルについて説明する。

　リスクとコントロールを管理するためには，取締役会等の統治機関と最高経営者の下に３つの異なる機能が必要であり，それぞれの機能が，企業の目的を達成できなくなるリスクから企業を「防衛」する。第１のディフェンスラインは，ビジネスのリスクを所有するプロセス・オーナー（現業部門）で

図表1-6　３つのディフェンスラインモデル

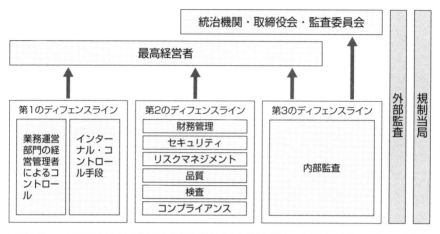

出所：IIA，一般社団法人日本内部監査協会訳（2014）「有効なリスクマネジメントとコントロールにおける３本の防衛線」『監査研究』Vol.40, No.4, pp.1-6を基に筆者改変。

ある。第２のディフェンスラインは，リスク管理部門やコンプライアンス部門など，専門知識を持ち，第１のディフェンスラインに対してモニタリングを行う。第３のディフェンスラインは，内部監査部門であり，独立した立場から第１のディフェンスラインおよび第２のディフェンスラインが有効に機能しているかどうかを監査する。

　このモデルは，明確でわかりやすいという利点がある一方で，各ディフェンスラインが機能として独立しているように記載されているため，第１のディフェンスライン，第２のディフェンスラインの機能がそれぞれ完全に独立していなければならないような誤解を与える懸念があった。そのため，双方の機能を持つ部門を必ず分離しなければならない，あるいは，分離できない場合に1.5線，2.5線とするような考え方が生まれた。その結果，第１のディフェンスラインはリスク管理やコンプライアンスを担当しなくてよいといった考え方や，縦割りの考え方が弊害として生まれる懸念もあった。さらに，統治機関・取締役会・監査委員会と最高経営者の関係が明確ではない枠組み

になっているため，内部監査の独立性の確保について懸念が残る構造にもなっていた。

（2）3ラインモデル

　2020年7月にIIAより公表された新しい3ラインモデル（**図表1-7**）は，これまでの3ラインのわかりやすさを維持したまま，ディフェンスラインの課題を解消することを目的としている。第1ラインと第2ラインは明確な線引きではなく，同じ機能として存在することもありうるといった曖昧さを許容している。内部監査部門が，取締役会等の統治機関に直接報告する存在であることや，統治機関と経営管理者の関係も明確になっている。

　例えば，DX推進を3ラインモデルに当てはめて考えると，DXを活用したサービスを顧客に提供する第1ラインがあり，DX推進部門は，第2ライ

図表1-7　3ラインモデル

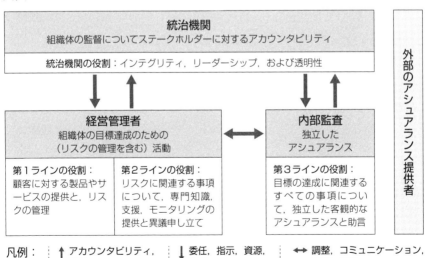

出所：IIA，一般社団法人日本内部監査協会訳（2020）「IIAの3ラインモデル─3つのディフェンスラインの改訂─」『監査研究』Vol.46, No.8, pp.35-41。

ンに当たると考えられる。第3ラインである内部監査部門は，DXを使用したビジネスプロセスの監査に加えて，DX推進のガバナンス，リスクマネジメント，コントロールの対応についての監査を実施し，企業のDXを支援する。

DXを活用した第2ラインと内部監査部門の協業も考えられる。例えば，GRC（ガバナンス・リスク・コンプライアンス）システムを導入して，第2ラインが検知したリスクをタイムリーに共有すること，また内部監査部門で分析したデータ分析等から導き出された不正やその他リスクの兆候も第1ライン，第2ラインにタイムリーに連携することで，ビジネス環境の変化によるリスクの変化を早期に検知することも可能である。

4 内部監査への要請の変化

（1）超VUCAと内部監査

現代は，超VUCAの時代といわれている。VUCAは「Volatility（変動性）」，「Uncertainty（不確実性）」，「Complexity（複雑性）」，「Ambiguity（曖昧性）」の頭文字を並べたものである。変動性が高く，不確実で複雑，かつ曖昧である時代ということになる。

新型コロナウイルス感染症が流行し，これまで当たり前とされていた世界や日常が見る間に変化し，この先の世界が予測不可能であるという状態になり，この超VUCAを多くの人が身をもって体験することになった。

内部監査は，これまで，既存の業務プロセスに対して行われることが一般的であった。しかし，外部環境が激しく変化する超VUCAの時代では，業務プロセスが完全に構築されるまで内部監査の実施を待つことができない。超VUCAの時代に内部監査はどうあるべきか。内部監査の成熟度モデルを参照しながら解説する。

（2）金融機関の内部監査の高度化に向けた現状と課題

　内部監査は，超VUCA時代の前から，業務執行部門の変化のスピードに歩調を合わせて，「信頼されるアドバイザー」となることを目指している。しかし，経営の内部監査に対する期待や理解，内部監査部門の人材や監査技術などにより，すぐに「信頼されるアドバイザー」となることはできないため，内部監査部門は漸進的な高度化を目指している。

　2019年6月に金融庁が発表した「金融機関の内部監査の高度化に向けた現状と課題」に内部監査の水準が例示されている（**図表1-8**）。これは，金融機関に限らず，すべての内部監査部門に当てはまるため，これを参考に内部監査の成熟度を検討する。

　内部監査の第1段階は，事務不備監査である。経営陣の内部監査に対する期待度や信頼度は低く，内部監査にはルール違反を発見することが求められている段階である。内部監査は，リスクベースで行われておらず，監査人の過去の経験等をベースにしたチェックリストを作成し，現場に往査して検査をするという段階である。

　第2段階は，リスクベース監査である。経営陣からの期待度や信頼度は徐々に高まっている。そのため，内部監査部門が実施するリスクアセスメントに基づき，リスクの高い領域の業務プロセスの監査を実施することが求められ

図表1-8　内部監査の水準

	第一段階（Ver.1.0） （事務不備監査）	第二段階（Ver.2.0） （リスクベース監査）	第三段階（Ver.3.0） （経営監査）
役割使命	事務不備，規程違反等の発見を通じた営業店への牽制機能の発揮	リスクアセスメントに基づき，高リスク領域の業務プロセスに対する問題を提起	内外の環境変化等に対応した経営に資する保証を提供
	過去／形式／部分		未来／実質／全体

出所：金融庁（2019）「金融機関の内部監査の高度化に向けた現状と課題」6月。

ている段階である。現場の監査だけでなく，テーマ監査を実施し，本部の機能も監査するような段階だと定義されている。

第3段階は，経営監査である。経営者は，内部監査部門を経営者に有益な情報を提供する有用な部門と認識している。内部監査部門は，経営の視点を持って監査を行うとともに，内外の環境変化等に対応した経営に資する監査を行う。

金融庁は，さらに第4段階として，信頼されるアドバイザーを定義している。この第4段階を試行している組織体では，アジャイル型監査（**本節（5）**）が実施されていることにも言及している。

（3）PwCが提唱する内部監査の成熟度モデル

金融庁のモデルよりもさらに具体的なモデルとして，PwCの提唱する内部監査の成熟度モデル（**図表1-9**）が参考になる。

PwCは，定められたルールの運用状況を検証する「準拠性の検証者」か

図表1-9　内部監査の成熟度モデル

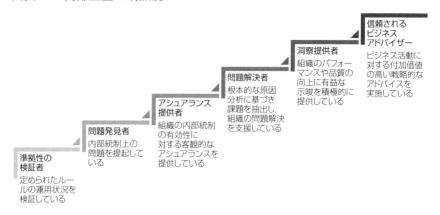

出所：辻田弘志（2019）「内部監査機能の外部評価とPwCの内部監査の成熟度モデル」https://www.pwc.com/jp/ja/knowledge/column/viewpoint/grc-column016.html，7月9日。

らビジネスに対する戦略的なアドバイスを実施する「信頼されるビジネスアドバイザー」までの6段階の内部監査の成熟度モデルを示している。金融庁の定義する3段階に対応させると，第1段階が，準拠性の検証者，第2段階が問題発見者から問題解決者，第3段階を洞察提供者と読み替えることもできる。

　これらの成熟度モデルは，自社の内部監査部門の成熟度を測るのに使用するだけではなく，経営陣に対し，内部監査に対する期待度を高めるためのプレゼンテーションを行う場合にも使用できる。ここで，注意をしなければならないのは，内部監査を高度化させたときに，第1段階，あるいは準拠性の検証者としての役割を停止する必要はないということである。到達した段階よりも前の段階の監査は常に実施可能な状態にしておき，企業あるいは監査対象の成熟度に応じて使い分けられるようにしておかなければならない。

（4）内部監査への要請

　企業のコーポレート・ガバナンスに対するステークホルダーの視線はさらに厳しくなり続けている。SDGs（持続可能な開発目標）や持続可能な社会を形成するために企業が配慮すべきとされるESG（環境・社会・ガバナンス）が，企業の経営にとって必須のキーワードとなっていることからもわかるように，企業に対して，より倫理的な経営をすることが求められている。

　これまで，監査というと，外部監査を中心に議論されることが多かった。外部監査（財務諸表監査や内部統制監査）には，財務諸表の正確性・信頼性に関する監査を実施する責任はあるが，企業がSDGs達成のための枠組みを構築・維持しているか，倫理的な事業活動を行っているかといった観点の監査を行うことまでは求められていない。一方，内部監査では，SDGsやESGといった外部からの要請に応えて，取締役会等に対して，最も信頼できる監査報告を提供することができる存在となることが求められている。

（5）内部監査に求められる機動性

　本書では，DXに対応する監査と合わせて，超VUCAの時代に採用可能な監査手法として，アジャイル型監査を紹介する。アジャイル（agile）とは，機動的なという意味である。従来型の監査とは異なり，アジャイル型監査では，リスクの高い領域から順番に監査を実施し，早い段階で経営陣に対して監査結果を報告する。また，監査対象部門を監査業務に巻き込み，早期に合意および改善策を実施するということを目指すものである。ここ数年，日本でも導入および導入を検討する企業が増えている。アジャイル型監査についても，内部監査の高度化の選択肢の1つとして，**第4章**にて事例を紹介する。

　内部監査の機動性を高めるのは，アジャイル型監査だけではない。内部監査のデジタル化を進め，データ分析を活用したダイナミック（動的）なリスクアセスメントに基づく監査計画の策定・変更も必要となるかもしれない。

　多くの企業では，内部監査計画は年に1度，リスクアセスメントは四半期に1度行っていたとしても，その結果に拠った監査計画の大きな変更はほとんどしないのではないだろうか。しかし，そうした場合，年度末に実施する監査は，1年以上前のリスクアセスメントに基づく監査テーマとなるため，監査実施時点での企業のリスクを適切に反映していないかもしれない。個々の監査実施のための手法と，リスクアセスメントやオフサイトモニタリングといった監査業務の手法の双方を機動的に行うことが内部監査部門にとって必要となる。

（6）内部監査に対する要請への対応策

　内部監査に対するこのような要請に対して，内部監査部門はどのように対応するべきか。十分な対応がとれているという企業は少ないと思われる。

　たとえば，新型コロナウイルス感染症の流行時，内部監査部門はどのように対応したであろうか。内部監査計画に記載した監査案件を中断，中止した

図表1-10　「新型コロナウイルス感染症と内部監査」

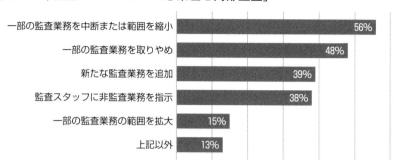

一部の監査業務を中断または範囲を縮小	56%
一部の監査業務を取りやめ	48%
新たな監査業務を追加	39%
監査スタッフに非監査業務を指示	38%
一部の監査業務の範囲を拡大	15%
上記以外	13%

注　：質問項目および回答収集期間等は以下のとおりである。
　　　［質問］　新型コロナウイルス感染症の結果，監査計画をどのように変更したか。
　　　回答収集期間　2020年4月9日〜13日で，IIAと関係のある北米のCAEとディレクターが回答。
　　　　　　　　　　有効回答数は397件。
出所：デボラ・F・クレッチマー著，堺咲子訳（2020）「新型コロナウイルス感染症と内部監査」『監査
　　　研究』Vol.46, No.66, pp.11-18。

　り，監査対象範囲を縮小したりした企業が少なくない。また，表面的な内部
監査にとどまり，根本原因が十分に究明できず，経営者に対する助言が十分
にできなかった内部監査部門もあるのではないだろうか。
　デボラ・F・クレッチマー氏が発表した「新型コロナウイルス感染症と内
部監査」によれば，2020年，北米の企業の内部監査部門に対して新型コロナ
ウイルス感染症の影響について質問したところ，ほぼ半数が内部監査業務の
一部縮小や取りやめ，監査スタッフに非監査業務を指示していたと回答して
いる（図表1-10）。
　内部監査は，新型コロナウイルス感染症流行下においても経営者に対して，
適時かつ的確な監査報告を行って，経営に資する役割を果たすことが求めら
れているにもかかわらず，その要請や期待に十分応えられていなかったこと
がわかる。このような内部監査の状況を放置したままにすると，内部監査の
存在意義が失われてしまう。

（7）内部監査部門への期待を高める

　内部監査部門に対する要請があまり強くない場合や，内部監査への期待度が高くない場合にはどうすればよいのだろうか。内部監査部門は，デジタル技術を積極的に取り入れ，内部監査の技法を向上させて，今までにない指摘や改善提案を行う必要がある。そうすることによって，内部監査の存在意義を社内外に認識させ，内部監査のプレゼンスを向上させ，「信頼されるアドバイザー」とならなければならない。

　内部監査部門が従来型の監査を踏襲しているだけでは，超VUCAの世界，DXが進展していく世界において，経営者は内部監査を活用することができない。また，内部監査の存在自体を忘れてしまうかもしれない。このような企業では，内部監査部門が定年間近な社員の出向ポストを待つ待機場所であったり，体調不良の社員のためのリハビリテーションセンターとしての機能を求められたりするだけということになるかもしれない。

　今まで，準拠性中心の検査をしていた内部監査部門が，いきなり「信頼されるアドバイザー」としての内部監査を実施することは大きな挑戦になるかもしれない。また，後述する監査手法や技法を内部監査部門が取り入れたとしても，企業の方が追いついていないというケースもあるかもしれない。そこで，内部監査部門が先進的な内部監査を志向していることを経営者に説明し理解してもらう必要がある。そうすることは，企業のDX推進やガバナンス構築の一助となりうる。

　内部監査のあり方は，企業の状況によって異なるので，自社の置かれている社内外の状況を踏まえて，内部監査に対するニーズが何かを的確に把握した上で，各社に応じた内部監査のあり方を検討するにあたり，本章を参考とされたい。

注

1）松本祥尚（2009）「わが国における内部監査の意義とその方向性」『現代監査』No.19, pp.36-42。

２）内山悟志（2020）『未来IT図解 これからのDX（デジタルトランスフォーメーション）』エムディ
エヌコーポレーション。

参考文献

Institute of Ineternal Auditors（IIA），一般社団法人日本内部監査協会訳（2014）「有効なリスクマ
ネジメントとコントロールにおける３本の防衛線」『監査研究』Vol.40, No.4, pp.1-6。

IIA，一般社団法人日本内部監査協会訳（2020）「IIAの３ラインモデル―３つのディフェンスラインの
改訂―」『監査研究』Vol.46, No.8, pp.35-41。

PwC（2019）Elevating internal audit's role: The digitally fit function（2019 State of the
Internal Audit Profession Study）.（PwCあらた有限責任監査法人訳（2019）「2019年内部監査
全世界実態調査―デジタル化で高まる内部監査の役割」。）

一般社団法人日本内部監査協会（2017）『専門職的実施の国際フレームワーク』。

一般社団法人日本内部監査協会（2019）『2017年監査白書』２月25日。

辻田弘志（2019）「内部監査機能の外部評価とPwCの内部監査の成熟度モデル」https://www.pwc.
com/jp/ja/knowledge/column/viewpoint/grc-column016.html，７月９日。

内山悟志（2020）『未来IT図解 これからのDX（デジタルトランスフォーメーション）』エムディエヌ
コーポレーション。

金融庁（2019）「金融機関の内部監査の高度化に向けた現状と課題」６月。

経済産業省（2018）「デジタルトランスフォーメーションを推進するためのガイドライン（DX推進ガ
イドライン）Ver.1.0」12月12日。

デボラ・F・クレッチマー著，堺咲子訳（2020）「新型コロナウイルス感染症と内部監査」『監査研究』
Vol.46, No.6, pp.11-18。

内閣府（2021）「第３回　新型コロナウイルス感染症の影響下における生活意識・行動の変化に関する
調査」６月４日。

松本祥尚（2009）「わが国における内部監査の意義とその方向性」『現代監査』No.19, pp.36-42。

COLUMN 1

内部監査も変革し続けなければならない

　内部監査部門は，部門長の経験者，管理職経験者，経理部門の経験者などが配属されることが少なくない。スキルをもったベテランの方々なので，自らの経験に基づいて、あるいはその経験に基づいた勘を働かせて監査を行う人もいるだろう。もちろん，こうした経験や勘が役立って，的確な指摘や改善提案を行うこともある。しかし，経験や勘だけだと体系的に監査することが難しい。

　特に，DXが進展すると，監査対象の業務や部門管理などが大きく変化していくため，今までの経験や勘だけでは時代に即した監査を行うことが難しくなる。例えば，ネット銀行，ネット証券，ネットショッピングといった業種では，人間の関与が少なくなり，情報システムを使って事業活動を行えるようになるからである。

　筆者自身の経験でいうと，体系的に監査対象を監査するためにG・ナドラー，日比野省三の両氏が提案した「ブレイクスルー思考」の「目的志向」や「システムの原則」を利用したり，BSC（バランススコアカード）の考え方を用いたりして，常に新しい監査の取り組みを行った。また，システムエンジニアの経験を活かして，データ分析プログラムを作成したこともあった。

　監査対象の業務や部門が変化し続けているので，内部監査もそれに対応して変化し続ける必要がある。そのためには，経験や勘だけに頼るのではなく，新しい知識を習得し，内部監査人自身も変化し続けることが重要である。

第 2 章

付加価値を高める
監査手法と監査技法

本章のポイント

　内部監査の付加価値を高めるためには，従来から行われている監査技法だけではなく，DX時代に適した監査技法を適用する必要がある。従来の監査技法としては，質問，閲覧，突合，観察などが挙げられるが，デジタルが進展するとデータ（データベース）の役割が高まり，CAATs（Computer Assisted Audit Techniques：コンピュータ支援監査技法）の活用が求められる。

　本章では，このような監査技法について説明するとともに，従来型の監査手法（監査プロセス）についても説明する。本書の特長であるアジャイル型監査（第4章）やCAATs（第6章）の説明に当たって，本章で予習を兼ねて説明する。従来型の監査技法や監査手法について，理解されている方は読み飛ばしていただいてもよい。

1 監査手法と監査技法

　監査手法と監査技法の違いに関して，必ずしも明確な定義はないが，本書では，次のように定義したい。

　監査手法は，監査を実施する場合のアプローチの方法，監査技法は，その中でも監査証拠を入手するための方法とする。まず，**第1節から第4節**では監査手法について説明し，監査技法については，**第5節以降**で説明する。

（1）監査手法の全体像

　監査手法は，**図表2-1**に示すように整理できる。監査対象範囲に対して，内部統制が有効に機能していることを保証（アシュアランス）する監査手法には，監査対象範囲のすべてを調査しようとするというアプローチ（悉皆調査）と，監査対象の取引から，監査対象取引を抽出（サンプリング）して監査する方法がある。また，経済環境や業務等の特性などを勘案して，財務諸

図表2-1　監査手法の分類：リスクへの対応方法の違い

	手法	内容
監査対象取引の選定	サンプリング調査	監査対象範囲における取引の中から監査対象の取引を抽出して監査を行い、その結果に基づいて保証を行う。
	悉皆調査 （全数調査）	監査対象範囲におけるすべての取引，内部統制についての保証を行う。
監査対象領域の選定	リスクアプローチ監査（リスクベース監査）	監査対象範囲に対して総括的に監査を行うのではなく，重要なリスク，経済環境，会社の特性などを勘案して，重要なリスクのある範囲に対して重点的に監査資源を投入し，効果的・効率的に保証を行う。
	サイクル監査	監査対象範囲に対して、一定期間で一巡してすべての監査対象範囲を監査して、保証を行う。

出所：筆者作成。

表の重要な虚偽表示につながるリスクのある項目に対して重点的に監査資源を投入し，効果的・効率的に監査を行う方法（リスクアプローチ監査）と3〜5年で社内を一巡するように監査を行う方法（サイクル監査）がある。リスクアプローチについては，**第3章**で詳述する。

（2）監査プロセス（監査手順）

　次に，監査の進め方（監査手順）について説明する。本書では，監査手順を2種類に分類している。1つは従来型監査手順，もう1つが近年着目されているアジャイル型監査と呼ばれる監査手順である。

　従来型監査における監査プロセスでは，**図表2-2**に示すように，監査を計画，実施，報告の3段階で行う。従来型監査プロセスでは，グローバルにおいて一般的に行われている監査手法も，日本で一般的に実施されている監査手法についても大差はない。

　アジャイル型監査における監査プロセスについては，**第4章**で説明するが，グローバルにおいて一般的に良いとされているリスクアプローチ監査をベースに発展したものである。

　ここでは，従来型の監査プロセス（ウォーターフォール型監査）について，次節で詳述した後，アジャイル型監査について説明する。

2 従来型監査プロセス

　多くの日本企業で採用され，海外子会社監査や法規制への準拠性監査などでよく使われている監査は，**図表2-2**のようなプロセスで行われる。

　監査対象に対する予備調査を実施，往査時の点検項目をチェックリストなどにまとめる。その後，内部監査の目的・範囲等を定めた監査計画書を策定し，監査対象部門等に短期間（1日〜1週間程度）の往査を実施，監査対象部門

図表2-2　従来型監査プロセス

監査計画　→　実施（往査）　→　監査報告

出所：筆者作成。

図表2-3　ウォーターフォール型監査手順（例）

Ａ．計画段階	Ｂ．実施段階	Ｃ．報告段階
①監査目標と監査対象範囲の設定 ②監査実施通知（キックオフ・ミーティング） ③監査対象業務の理解 ④不正リスクの検討 ⑤業務の目標設定とリスクの評価 ⑥コントロールの特定 ⑦テストプログラム（監査手続書）の作成 ⑧監査計画書の作成	①コントロールの設計評価 ②コントロールの運用評価 ③監査調書の作成とレビュー	①課題表（指摘事項）の作成 ②マネジメント・レスポンスの受領 ③監査結果の評価 ④監査報告書の発行 （⑤フォローアップ）

出所：筆者作成。

に対するインタビューやチェックリスト等を使用して検証を行う。最終日に講評会を実施し監査結果を口頭で伝達し，往査終了後に報告書を送付する。

　ウォーターフォール型監査においても大枠は変わらないが，ウォーターフォール型監査では，監査計画段階から監査対象部門と連絡をとりながらテストプログラム（監査手続書）を作成する。監査計画策定（約1か月）の間に，監査対象の業務プロセスを理解するためのウォークスルーや監査対象部門に対するインタビューを実施する。監査計画策定後，実施のプロセスではテスティングと呼ばれる期間（約1か月）に往査を含め，監査証跡を検証し，その結果を報告書にまとめる。

　ここで重要な点は，監査計画から監査報告までのプロセスを直線的に監査

業務を進めるということである。

　このプロセスをさらに分解すると**図表2-3**のようになる。以降でそれぞれ
の手続を紹介する。説明のために，番号を付与しているが，同じ段階の中で
は順不同で実務が行われることが多いので留意されたい。

（1）計画段階

①監査目標と監査対象範囲の設定

　年間監査計画や上級経営陣へのインタビューなどを通じて監査目標を決定
する。監査目標とは，「その監査を通じて達成したいことは何か」というこ
とである。例えば，「当社の労務管理が労働基準法などの法令に則って運用
されていることを確認する」「当社の出納業務は社員等による不正が行われ
ないようなコントロール（対策）が整備されていることを確認する」などコ
ントロールの整備状況や運用状況を確認することが監査目標になる。

　監査対象範囲とは，監査対象となる部門や業務プロセス，監査で保証する
対象期間などである。この2つの設定をすることで監査対象範囲の思わぬ拡
大を防ぐことができる。

②監査実施通知（キックオフ・ミーティング）

　監査対象部門等に，監査の開始を通知する。監査実施通知の目的は，監査
期間，監査目標，監査対象範囲，監査担当者を監査対象部門の担当役員や責
任者に伝え，実施する監査に関する理解を求めることである。

　監査実施通知は，メールで行うことが一般的だが，監査対象が多岐に亘る
場合にはイントラネット等を利用することもある。また，監査実施通知とと
もにキックオフ・ミーティングを開催することもある（**図表2-4**）。キックオ
フ・ミーティングを開催すれば，監査目標に関する監査対象部門のリスクの
認識度合いを事前に把握でき，顔合わせをすることでコミュニケーションも
とりやすくなる。

図表2-4　キックオフ・ミーティングのアジェンダ（例）

- ▶ 監査対象に選定された背景
- ▶ 監査目標および監査対象範囲
- ▶ 監査期間および期間中のコミュニケーションプラン
- ▶ 監査手続
- ▶ 監査担当者紹介
- ▶ 監査対応窓口の確認
- ▶ 監査に対する質問
- ▶ 監査目標に対するリスク認識

出所：筆者作成。

③監査対象業務の理解

　監査対象業務を理解するために，関連する法令，規制，社内の委員会等の議事録，その他関連文書を査閲する。内部統制報告・監査制度関連の資料があればそれを入手して，内部統制報告・監査制度の評価範囲と監査対象範囲に重複が生じないようにする。監査実施通知を発信した後は，監査対象部門に対して，インタビューやウォークスルーを実施し，監査対象業務を理解する。特に業務プロセスを監査対象とする場合は，業務プロセスをフローチャート（**図表2-5**）としてまとめる。なお，監査対象部門が業務フローチャートを作成している場合には，その内容を検証した上で利用してもよい。

④不正リスクの検討

　不正の発見は，内部監査の第一義的な目的ではない。しかし，内部統制の整備状況を評価するに当たっては，不正を実行しにくい仕組みが構築されているかどうかという観点から監査する必要がある。不正リスクの類型については，公認不正検査士協会（Association of Certified Fraud Examiners：ACFE）の「職業上の不正と濫用に関する国民への報告書」などを参照するとよい。

図表2-5　業務フローチャート（例）

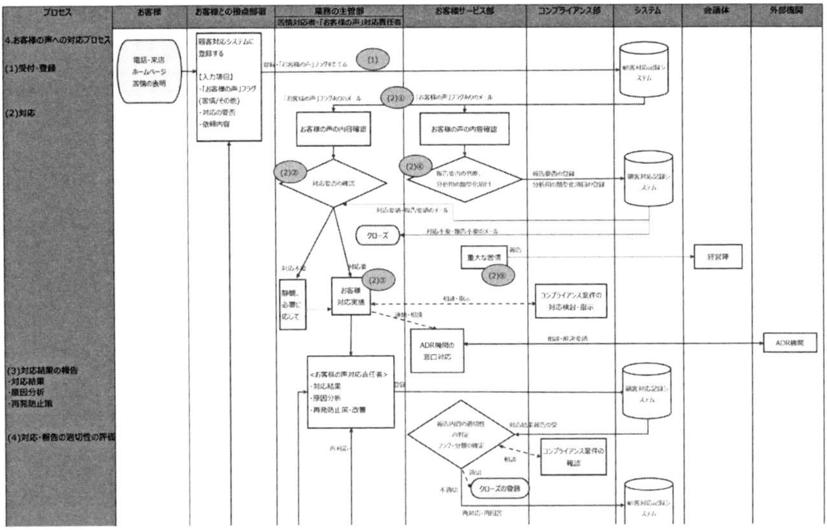

出所：筆者作成。

図表2-6　不正リスク検討表（例）

不正の類型	考えられる手口	不正リスク	対応するコントロール
横領	外部への振込先を自分の口座に変更する	大	出納担当者に銀行口座の変更権限を与えない
窃盗	倉庫から商品を窃取し，SNS等で転売する	小	倉庫の棚卸を2名体制で毎月実施する
⋮	⋮	⋮	⋮

出所：筆者作成。

　自社および他社で発生した不正事例を踏まえて，自社に導入されているコントロールで不正を予防・発見できるかどうかという観点から不正リスクの大きさ（発生可能性と損失額）を評価して，当該監査で取り扱うかどうかを決定する（**図表2-6**）。

図表2-7　リスク・コントロール・マトリクス（RCM）（例）

業務目標	リスク	リスク評価	統制内容	設計評価	実装評価	運用テストプログラム	運用評価	結論

出所：筆者作成。

⑤業務目標の設定とリスクの評価

　監査対象プロセスにおける業務目標を把握し，リスク（目標達成を阻害する要因）を特定する。業務目標のイメージとしては，会計監査や内部統制報告・監査制度でも用いられるアサーション（実在性，網羅性，適時性）などを検討するとよい。

　業務目標を把握できたら，リスクを特定する。リスクを特定したら，そのリスクの発生可能性と影響度の視点から，固有リスク（コントロールを講じる前のリスク）を評価しておく。

　なお，⑤以降の作業は，RCM（リスク・コントロール・マトリクス）としてまとめておくのが一般的である（図表2-7）。RCMとは，監査対象におけるリスクとコントロール，テストプログラム（監査手続），その結果を一覧にしたものである。

⑥コントロール（統制）の特定

　リスクを特定したら，業務プロセスの中からリスクを低減させるコントロールを特定する。コントロールを特定するためには，③で作成した業務フローチャートなどを参照する。

⑦テスト（検証）プログラムの作成

　計画段階の最後に，コントロールの整備評価と運用評価をするためのテス

トプログラムを作成する。

　コントロールの整備評価とは，コントロールがリスクを低減させる統制になっているかどうかの評価である。例えば，リスクを低減させるためのコントロールが存在しなかった場合，あるいは，リスクを低減するためのコントロールになっていない場合には，コントロールの整備不備とする。この整備評価は，監査計画の策定段階で実施することもあれば，コントロールの運用評価と合わせてコントロールの検証段階で実施することもある。

　コントロールの運用評価とは，コントロールが有効に機能しているかどうかを実際の取引などを見ることで確認するものである。この実際の取引などをどのように確認するか，その手法やサンプル数等を記載したものが運用評価のテストプログラムである。

⑧監査計画書の作成

　監査の目標，監査対象範囲，監査対象プロセスの概要，監査スケジュール等について文書化した監査計画書（**図表2-8**）を作成し，監査部門長の承認を得る。

図表2-8　監査計画書の記載事項（例）

項目	記載内容	備考
内部監査の目標と範囲	・内部監査の目標 ・内部監査の範囲	・内部監査の範囲から除外するものを明記することが望ましい。
背景情報	・外部環境 ・監査対象に選定された理由 ・監査対象業務の目的・KPI（重要業績指標） ・監査対象業務の概要 ・業務で使用されている主要なシステム ・主要なリスク ・ガバナンスの状況	・作成したフローチャートのうち主要なものを監査計画書に含めることもある。 ・ガバナンスとは，関連する社内規程や，意思決定が行われる階層や委員会などである。

検討すべき 事項	・関連する過去の内部監査結果 ・内部統制報告・監査制度関連, 　外部監査などの結果 ・監査対象以外の関連する部門 ・検討した不正リスク ・監査の判断基準となる法令,社 　内規程等 ・CAATs(コンピュータ支援監査 　技法)およびデータ分析の使用 　可能性	・関連する監査結果を取得するの 　は,内部監査での重複を避ける 　ためである。 ・大規模な内部監査部門では, 　CAATsやデータ分析について専 　門の監査担当者と打ち合わせし 　て,コメントを求めることもあ 　る。
内部監査の アプローチ	・内部監査の主なアプローチ ・各段階のスケジュールおよび予 　想される監査業務時間 ・監査担当者	・往査や実証的アプローチ等を実 　施するかどうかを記載する。 ・担当者には資格や経験など,そ 　の監査をするにふさわしいこと 　を記録しておくのも良い。
その他	・監査対象部門における監査担当 　窓口 ・監査対象部門における懸念事項 　および経営陣等からの要望	

出所:筆者作成。

(2) 実施段階

①設計評価

　設計評価とは,リスクに対するコントロールの設計が十分であるかどうか
を評価するものである。例えば,「銀行の残高と帳簿の残高を照合する」と
いうコントロールが設計されている場合,そのコントロールは明文化されて
いるか,承認者は適切か,照合するタイミングは適切かといった観点から,
リスクが低減されていることを確認する。

　また,コントロールの実装,つまり,明文化されているコントロール,あ
るいは,インタビューで確認したコントロールが実際に業務プロセスに組み
込まれているかどうかについても確認する。

②運用評価

　運用評価とは,コントロールが設計されたとおりに運用されているか,監

査証跡を基に確認し，評価するものである。

　運用状況の評価では，規程やマニュアルなどに従って統制が実施されているか，また1回だけでなくコントロールが継続的に実施されているかという観点から評価をする。コントロールの運用評価は，監査対象の母集団からサンプリングしたり，あるいは全数調査を行ったりして運用状況を評価する。

　設計評価と運用評価の両方（監査目標によっては片方しか実施しないこともある）を実施し，コントロールの有効性について，結論を出す。

③監査調書の作成とレビュー

　評価結果は，監査調書としてまとめる。評価結果については，内部監査人が1人で判断するのではなく，監査チームのリーダーや他の内部監査人がレビューし，評価の誤りや見落としが生じないようにする。

（3）報告段階

①課題表の作成

　評価が終了したら，監査中に発見した不備事項（発見事項）をまとめて，発見事項の一覧表を作成する。発見事項は簡潔に①現状（発見した内容およびコントロールの不備の内容），②基準（法令や社内規程など，あるべきコントロールを示したもの），③原因（不備が発生した原因），④コントロールの不備による影響の4点をもれなく記述する。課題表は，監査対象部門が課題を認識し，改善策を自ら考えられるようなものにするとよい。

　課題表を用いて，内部監査人の事実認識に相違がないか監査対象部門と確認するとともに，課題毎にリスクの大きさを評価する。リスクが小さい課題については，口頭で監査対象部門に伝達したり，課題表には記載するが監査報告書には記載しないといったりした対応をすることもある。内部監査部門は，監査対象部門や経営者に対して大きなリスクを理解してもらうことが重要である。

②マネジメント・レスポンスの受領

　発見事項および課題について，監査対象部門との合意に至ったら，マネジメント・レスポンス（改善回答書）の提出を求める。マネジメント・レスポンスの内容にもよるが，３日から１週間程度で作成してもらう。マネジメント・レスポンスには，現状の課題と根本原因の双方が是正されるようにすることを求める。また，計画段階で作成したRCMで想定したリスクが低減されていることも確認する。

③監査結果の評価

　監査結果については，例えば，３段階（概ね問題なし・一部課題あり・課題あり）で示し，A,B,Cなどのレーティングを記載するとよい。レーティングは，経営者や監査対象部門が監査結果の重要度（リスクの大きさ）を直感的に理解してもらうのに役立つ。レーティングは，内部監査部門で定めた基準に従って行い，内部監査人や監査案件によって評価がぶれないようにする。

④監査報告書の発行

　監査報告書には，エグゼクティブ・サマリー（経営者向けの要約），監査の目標と監査対象範囲，発見事項，マネジメント・レスポンスを記載する。その他，監査の背景情報や内部監査人のコメントを記載することもある（**図表2-9**）。

　なお，監査報告書の記載方法については，内部監査人協会（Institute of Internal Auditors：IIA）の発行するIPPFプラクティス・ガイド「監査報告書：アシュアランス業務の結果の伝達」を参照するとよい。

図表2-9　監査報告書（例）

代表取締役社長　　　　　殿	
	内部監査部長
	20ＸＸ年　　Ｘ月　　Ｘ日

○○プロセスに関する内部監査報告書

総合評価：改善が必要

エグゼクティブ・サマリー

1. 背景
   テレワークの拡大を契機とし，・・・・
2. 監査の目標と範囲
   本監査においては，・・・
3. 総合評価
   ○○プロセスの内部統制については，一部十分に設計されておらず・・・。
   また，○○に対する内部統制プロセスの運用については，好事例である
   と評価する。

発見事項一覧表

番号	発見事項	改善実施期限	リスク評価
1	○○の不備	20XX年X月X日	●
2			
3			

＊●＝リスク低　●＝リスク中　●＝リスク高

詳細は次頁以降参照

発見事項1　　○○の不備　リスク評価　＝リスク低

【発見事項】
【基準・あるべき姿】
【不備の直接の原因】
【根本原因】
【リスクおよび影響】
【内部監査部門による改善提案】
【マネジメント・レスポンス】

【改善責任者】
【改善期限】

発見事項2：○○

⋮

出所：筆者作成

⑤フォローアップ

　フォローアップも内部監査の結果の伝達として大切な要素である。内部監査部門は，監査対象部門からのマネジメント・レスポンスが実際に実施されたか，マネジメント・レスポンスで回答した改善策によってリスクが低減されたかどうかを確認する。改善策が未完了の場合には，監査対象部門だけでなく，経営者に対して，重大なリスクへの対応が行われていないことを報告しなければならない。

3　アジャイル型監査プロセス

　ウォーターフォール型監査は，リスクベースの監査を行う場合に，有効な手法であるが，監査期間が長くなる傾向がある。その理由の1つとして，監査作業のスタートからアウトプットまでの期間が通常2〜3か月ほどかかることが挙げられる。また，監査での発見事項を監査対象部門に通知した時に意見相違が発生したり，その後の内部監査部門と監査対象部門との間のコンフリクト解消のための労力や，再調査の実施などの手戻りが発生したりすることがある。その結果，長い場合には，監査の開始から監査報告書の発行まで半年〜1年を要することもある。

　超VUCA時代といわれ始めた頃から，内部監査が長期間完了しないと，監査対象部門や経営者にとって，内部監査の価値が低下するのではないかという議論が行われてきた。苦労して作成した監査報告書に記載した業務プロ

セスが，監査報告時点で大きく変化したり，現場では実施されていなかったりすることがある。また，監査実施後に外部環境が変化して，リスクがなくなったり小さくなったりすることもある。このようにウォーターフォール型監査ではビジネスリスクの変化に十分対応できないので，アジャイル型監査を試行する企業が徐々に増えつつある。

　アジャイル型監査は，ソフトウェア開発手法の一種であるアジャイル開発手法の考え方をベースに考案された監査手法である。アジャイル型監査で実施するプロセスは，基本的にウォーターフォール型監査と同様であるが，そのアプローチが従来のアプローチと大きく異なっている。簡単にいえば，内部監査人の働き方の違い，マインドセットの違いが非常に大きい。

　アジャイル型監査では，1〜2週間という短い期間を1単位として監査を実施し，そのプロセスを反復することで，小さなPDCAを回しながら進めていく監査であるという点に特徴がある（**図表2-10**）。

　ところで，監査手法の良し悪しを固定的に考えてはいけない。どの監査手法を選択するかは，各社の内部統制の成熟度や内部監査部門に対する期待度，監査目標，内部監査部門のリソースによって異なる。しかし，どの監査手法であっても実施できるような態勢を整えておき，監査の目的に応じて使い分けをすることが望ましい。また，アジャイル型監査を導入する場合は，内部

図表2-10　アジャイル型監査のイメージ

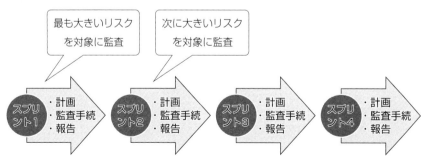

出所：筆者作成

監査人の働き方に対するマインドセットを大きく変革する必要があるため，ウォーターフォール型監査に代表される従来型の監査を併存するかどうか，どこまでアジャイル型監査を取り入れるかについては熟慮が必要である。

4 内部監査の監査手法と外部監査の監査手法

（1）外部監査で行う会計監査

　外部監査，すなわち公認会計士や監査法人が行う会計監査と，内部監査の監査手法との違いはどうなのか。日本公認会計士協会のウェブサイトに記載されている情報を基に説明する[1]。

　会計監査は，企業の財務諸表を検証し，「適正」，「不適正」を判断して意見を述べるものであり，結果は，株主・投資家・取引先などに利用される。そのため，金融商品取引法（第193条の二）では，すべての上場会社に公認会計士または監査法人の監査を義務付けており，また，学校法人や独立行政法人においても，それぞれの法令等（私立学校振興助成法第14条，地方独立行政法人法第35条）で監査を義務付けている。

（2）外部監査プロセスと内部監査プロセスの相違

　外部監査は法定監査であり，法定監査の場合には必要な手順を踏むことが求められている。ここでは，外部監査のプロセスを見ながら，内部監査との相違点を確認していきたい。

　外部監査は，**図表2-11**に示すプロセスで行われる。また，**図表2-11**の各工程の詳細は，**図表2-12**のとおりである。

　内部監査と外部監査とは目的が異なるので，監査プロセスにも違いがある。外部監査は会計監査であり，財務諸表の正確性に対する意見を表明すること

が目的となる。そのため、内部監査の場合には監査項目としている財務諸表の誤記載以外の風評リスク等や、直接財務諸表には影響しないが顧客に対して影響のある業務プロセス（苦情対応など）が、外部監査では監査項目にしていない。しかし、外部監査で実施される監査手法は、内部監査と大きな違いはなく、会計監査で使用されるサンプリング手法やサンプル数なども、内部監査で準用して内部統制の運用の有効性を確認することができる。

図表2-11　外部監査プロセス

出所：筆者作成。

図表2-12　監査プロセスごとの外部監査と内部監査の比較

監査 プロセス	外部監査	内部監査
1．予備調査	企業が会計監査を受ける準備が整っているかどうかを確認する。例えば、企業が会計監査に対して協力的であるか、監査に対応可能な内部統制が構築されているかを調査する。	ビジネスやプロセスを理解するために実施するものである。監査に対して協力的かどうかについての調査は実施しない。また、監査に対応可能な内部統制が構築されているかについて、予備調査の段階で結論を出すことはない。
2．監査計画の立案	リスクアプローチを採用している。企業の内部統制の整備・運用状況、取引の実態などを分析し、リスクの高い項目（財務諸表上の過誤の発生しそうな場所）を抽出し、監査手続の対象とする。	リスクアプローチではなく全数調査のアプローチをとることもある。リスクアプローチをとる場合には、外部監査のアプローチと大きな差異はない。
3．監査手続の開始	立案した監査計画に基づいて作成された監査手続を実施する。監査項目（勘定科目など）ごとに担当者が決められ、質問・実査・立会・確認・勘定分析などの監査技法を用いて、監査証拠を取得する。	外部監査の監査手続と同様だが、監査目的によって様々な監査技法が用いられる。

4．監査意見の形成	各担当の調査結果を現場責任者（主査）に報告し，全体の財務諸表の正しさを検討する。監査責任者は最終的に適正かどうかを検討し，監査チームとしての意見を形成する。	総合意見に近い。なお、IIA「専門職的実施の国際フレームワーク」（IPPF）への適合を表明していない内部監査の場合には，総合意見の形成は必ずしも求められていない。
5．審査	監査チームの出した結論を，監査に携わっていない別の公認会計士が客観的な視点で審査をする。審査担当は，監査調書を査閲し，その判断が適切かどうかを客観的に判断する。	内部監査の品質確保のために、内部監査部門長，あるいは適切な経験を有するメンバーなどによるレビューが行われる。企業によっては，監査品質確保の担当部署を設けて、チェックを行っている場合がある。1名体制の内部監査部門もあるので，必ずしも必須要件ではない。ただし、IPPFでは「内部監査（アシュアランスおよびコンサルティング）の個々の業務は適切に監督されなければならない」（国際基準2340）とされている。
6．監査報告書の提出	監査報告書に監査責任者が自筆のサインをして，企業の取締役会あてに提出する。	内部監査人の署名や押印をして監査報告書を提出したり、文書番号を付したりする場合もあるが，各社の状況によって異なる。また、監査報告書やその要約を取締役会や監査役（会）に提出することが多いが、企業によって提出先は異なる。なお、IPPFでは、「内部監査部門長は取締役会に対し，直接伝達し，直接の意思疎通を図らなければならない。」（国際基準1111）とされているので，監査報告書，あるいは要約を直接取締役会に提出することが望ましい。

出所：筆者作成。

5 監査技法とその種類

監査技法とは，監査証拠を入手するための方法である。内部監査人には，監査の結論を出す根拠となる監査証拠を入手することが求められる。監査技法は様々であるが，ここでは，代表的な監査技法を紹介する。

（1）監査技法の種類

　一般的な監査技法として，質問，観察，査閲，突合，追跡，再実施および第三者への確認がある（**図表2-13**）。

図表2-13　監査技法の種類

項番	監査技法	内容
①	質問	監査対象部門および関連部門に質問し，口頭または文書による回答を得ることである。簡易な方法ではあるが，監査対象部門の事実誤認に基づく回答を受けることもあり，事実を把握できないこともある。質問だけで結論を出さないように注意しなければならない。
②	観察	監査対象部門がコントロールの実施状況を内部監査人が直接見て確かめる監査技法である。ただし，内部監査人が見ているときだけ，そのコントロールが実施されるかもしれないので，コントロールの運用評価についての信憑性は必ずしも高くない。そこで，監査対象部門に対して事前連絡をしないで抜打ちで行うといった工夫をするとよい。
③	査閲	文書や記録のチェック，照合などによって，調査することである。コントロールが適切に実施されていることを確認するために，最もよく使用される手法である。
④	突合	1つの文書や記録を，それ以前に作成された文書や記録，有形資源などと照合して，情報を過去に遡ることである。文書化や記録された情報が妥当であるかを確認するために行われる手法である。
⑤	追跡	1つの文書や記録から，その後に作成された文書や記録へと情報を辿ることである。追跡は，特に文書化または記録された情報の完全性をテストするために行われる。
⑥	再実施	監査対象部門が実施するコントロールやその他の手続を，再度同じように実施することである。コントロールの再実施を行うことにより，運用状況の有効性に関する直接的な監査証拠を得ることができる。
⑦	第三者への確認	外部業者，外部の弁護士など，独立した第三者に確認状を送付し，書面という形をとって直接確認することである。確認を経て得た情報は，独立した第三者から直接内部監査人に送られてくるので，一般的に極めて信頼性が高い。

出所：筆者作成

内部監査人の保証の程度は，一般的に**図表2-13**の項番が大きくなるほど強くなる。内部監査人は，監査の目標を達成するために，監査の目標に応じてどれだけの監査証拠を得る必要があるか（監査の十分性）やその費用対効果について考慮し，①から⑦までの監査技法の適切な組み合わせを決定する。

（2）監査技法と適用事例，留意点

①質問

> 監査対象部門および関連部門に質問し，口頭または文書による回答を得る

インタビュー等による質問は間接的な証拠であり，それ自体が説得力を持つことは稀である。そのため，通常は査閲などの証跡を確認する技法と組み合わせることが多い。監査手続全般に広く用いられ，短時間で多くの情報が得られるため，内部監査の目標達成のためには重要な監査技法である。質問をして回答を得るという単純な監査技法ではあるが，その奥は深く，熟練した内部監査人のインタビューと経験の浅い内部監査人のそれとでは，同じ時間を費やしても得られる情報の量・質が圧倒的に違う。

図表2-14は，アートン・L・アンダーソン，マイケル・J・ヘッド，シュリダハール・ラマムーティ，クリス・リドル，マーク・サラマシック，ポール・J・ソベル著『内部監査　アシュアランス業務とアドバイザリー業務』（一般社団法人日本内部監査協会，2021年）に記載されている効果的なインタビューの主要な構成要素である。

図表2-14　効果的なインタビューの主要な構成要素

インタビューの目標
・監査に関連する情報（つまり監査証拠）を収集する。 ・監査中の良好な協力関係を促進する信頼関係を築く。

インタビュープロセス

インタビューの準備
- 目的を明確にする。
- 適切なインタビュー対象者を識別する。
- 監査の対象分野とインタビュー対象者に関する背景情報を収集する。
- 正しい質問（5W1H：何を，なぜ，どのように，どこで，いつ，誰が）を作成する。
- インタビュー対象者に対する期待を設定し，必要な情報を識別する。
- インタビューの手配をする（日付，時刻，場所，長さ）。
- インタビューの概要を準備する。

インタビューを行う
- 親密な関係を築いて，オープンな気持ちを促す雰囲気を作る。
- インタビューの目的，対象となる話題，必要な時間を見直す。
- 率直な質問および意味のある追加質問をする。
- 専門用語を使用しない。
- 沈黙の時間を効果的に使用する。
- 聴く
- 要点を要約して確認する。
- 次のステップについて話し合う。
- フォローアップをする時の連絡先を設定する。
- インタビュー対象者に感謝を述べる。

インタビュー結果を文書化する（インタビューの後にできるだけ早く）
- インタビューを振り返り，記録ノートを見直す。
- インタビューの結果を適切な形で記録する。

効果的なインタビューができる人に共通する特徴

- プロフェッショナリズムがある（例えば，よく準備してあり，相手を尊重し，礼儀正しく，時間に正確である）。
- 傾聴力を含む，優れた対人・口頭コミュニケーション能力
- 傲慢になることなく自信を示し，敬意を表す能力
- 生まれつきの好奇心
- 客観性

効果的なインタビューに対する一般的な障壁

- 時間の制約のような監査対象部門による妨害，内部監査人に対する先入観，報復の懸念など。
- インタビュープロセスの不具合
- 内部監査人側の必要な能力の欠如

最重要な成功要因

- 準備する。
- インタビュー対象者のことを知り，尊重する。
- インタビュー対象者の言語で話す。
- 予期しないことへの対応を備える。

出所：アートン・L・アンダーソン，マイケル・J・ヘッド，シュリダハール・ラマムーティ，クリス・リドル，マーク・サラマシック，ポール・J・ソベル（2021）『内部監査　アシュアランス業務とアドバイザリー業務』一般社団法人日本内部監査協会，p.10-7，10-8。

質問を行う際には，次のような点に留意する必要がある。

・全体的な事項（体制，役割，基本ルール等）を先に確認し，個別・部分的な事項は後で確認する。

・最初は相手にとって答えやすい平易な質問から始め，徐々に専門的な質問に移る。

・相手の理解が得やすいように，業務の流れに沿って質問する。

・例外的な対応，業務の有無について質問する。

・常に傾聴の姿勢を保ち，あら探しに来たのではなく，支援するために来たのであるというような肯定的な対応を心がける。

・インタビューの場合，最初に約束をした時間内で終了させる。

②観察

> 監査対象部門が実際にコントロールを実施しているところを見る

　内部監査人が直接観察することから，一般的に質問よりも説得力がある（証拠能力が高い）。内部監査人がコントロールを実施している従業員個人を直接観察することで，従業員に質問してコントロールの実施状況を把握するよりも，一般的に多くの事項を把握することができる。

　ところで，観察における限界は，コントロールの実在性の保証が難しいことである。コントロールが実施されていることを確認できるのは，観察時点に限定されるので，一定期間に亘って実行されていることを結論づけ難い。また，観察の対象者が観察されていることを知って，通常と異なる態度をとる傾向がある。したがって，通常，コントロールの整備状況（コントロールの設計と実装）を確認する場面で用いる。

　観察を行う際には，次のような点に留意するとよい。

・1人ひとり別々の作業をしているところを観察しないこと。1件をサンプルとして取得し，AさんからDさんまでといったように業務の流れに沿って確認していくとよい。

・事前にインタビューで得られた情報や取得済のマニュアル等に記載された内容と，実際の作業に矛盾がないか等について，注意深く観察する。
・監査手続とは直結しないものの，現場の雰囲気や管理者と担当者の関係性を見ておくことも重要である。

③査閲

> 文書や記録のチェック，照合などにより，物理的に調査する

　査閲は，文書や記録，有形のものを物理的に検査することで，その存在や状態について直接的な知識を得るものである。ただし，内部監査人の専門知識のレベルにより，その有効性は異なるため，特別な領域では専門家の活用が必要な場合もある（例えば，絵画や宝石の真贋の見極めなど）。査閲においては，①の「質問」，②の「観察」と合わせてチェックシートに記録することが多い（**図表2-15**）。

図表2-15　チェックシート例

チェック内容	参照資料	確認結果	判定
購買業務は何に基づいて行われていますか。手順や手続，必要な書類，記録，設備などが明確になっていますか。			
手順書があれば見せてください。			
仕入・外注業者について，契約前に評価を行っていますか。			
その記録を見せてください。			
仕入・外注業者の再評価について，どのような基準で行っていますか。			
再評価の記録を見せてください。			
仕入・外注業者が確実に製品及びサービスを提供できるよう，外注業者に対して発注時に必要な情報を提供していますか。			
外注業者への発注時の情報提供資料があれば見せてください。			

仕入・外注業者から提供された製品及びサービスが間違いないか，検収（確認）を行っていますか。どのようにしていますか。			
検収資料，検収証跡を見せてください。			
顧客要求を満たしていない（不適合）製品・サービスが発生した場合，どのように処理しますか。その記録はありますか。			

出所：筆者作成

　査閲を行う際には，次のような点に留意するとよい。

・「参照する文書・記録がない」という答えが返ってこない限り，質問に対する回答に対しては，必ず査閲を実施し，客観的な証拠によって裏付けをとるようにする。

・内部監査人が意図した文書，記録がない場合でも，直ちに「ない」と判定するのではなく，該当項目の裏付けとなる他の文書や記録がないか十分確認する。

・査閲時には，該当の文書や記録の出どころを確認し，信頼性が高いか（偽造などないか）について，十分に留意する。

④突合

> 1つの文書や記録を，それ以前に作成された文書や記録，
> 有形資源などと照らし合わせ，情報を過去に遡る

　突合は，文書化または記録された情報の実在性をテストするために行われる。例えば，物品の販売は，通常，出荷されなければ記録すべきではない。請求書を出荷書類と突合することは，請求書作成の元になる出荷が，実際に生じたものであるという証拠になる。同様に固定資産台帳上の車両の記録を，実際の車両と突合することは，車両が実在するという証拠になる。財務諸表において突合は，記録された金額が過大計上されていないかテストするために用いられる（**図表2-16**）。

図表2-16　突合と追跡の関係

出所：筆者作成

　なお，「突合」が過去に遡って記録が本当に発生した情報に基づいた妥当なものであるか検証することに対して，「追跡」は実際の事象が完全に記録されているかを辿っていくことになる。

　突合を行う際には，異なる作成元の資料を確認するとよい。突合では異なった2種類以上の内部資料を照らし合わせて，事実や記録が一致しているかどうかを確認する。表示形式を変えただけの同じ作成元の情報を照らし合わせても意味がないからである。

⑤追跡

> 1つの文書や記録から，その後に作成された文書や記録へと情報を辿る

　追跡は，特に文書化または記録された情報の完全性を検証するために行われる（**図表2-16**）。例えば，物品の購入は，通常，物品を受領したときに記録しなければならない。年度末の近辺で受領した物品の受領報告書から，会計記録へと追跡することにより，資産と負債の両方が，物品の受領と同じ年度に記録されたという証拠が提供される。また，記録された金額が過少計上されていないか検証できる。

　追跡する際には，次のような点に留意するとよい。

・コントロールの整備状況を確認する場合など，前述の「①質問」と「②観察」とを組み合わせて，1つの取引を対象とし，取引開始から，取引処理，

仕訳計上に至るまでの一連の流れを「追跡」すること（ウォークスルー）が有効である。

・入手した資料で上手く追跡できないような場合は，エラーや特別処理といったような，通常の手続から外れた例外対応がないか確認する。

⑥再実施

> 監査対象部門が実施するコントロールやその他の手続を，
> 再度同じように実施する

　再実施は，コントロールの運用状況の有効性についての直接的な監査証拠となる。たとえば，計算を再実施することにより，監査対象部門の計算の正確性に関する直接的証拠を得ることができる。また貸倒引当金のような会計上の見積りを独自に行い，それを監査対象部門の見積りと比較することで，監査対象部門の見積りの合理性に関する直接的証拠を得ることができる。

　再実施する際には，次のような点に留意するとよい。

・監査対象部門が実施していないコントロールや手続を通じて正確性を検証する場合は「再実施」とはいわない。

・再実施は，運用状況の有効性についての監査証拠となるため，再実施対象のサンプル数の決定も重要である。再実施の結果，エラーが生じた場合には，エラーの原因を探るとともに，検証サンプルの追加を検討する。

⑦第三者への確認

> 独立した第三者から直接文書を入手し，情報の正確性を検証する

　確認は，独立した第三者から直接内部監査人に情報が送られてくるので，一般的に極めて信頼性が高い。一般的に確認の依頼方法には2つのタイプ（積極的確認／消極的確認）がある。積極的確認は，受取人に送られた情報が正しいかどうかにかかわらず回答するように依頼する（**図表2-17**）。消極的確認は，受取人に，送られた情報が正しくない場合に限り回答するように依頼

する。積極的確認には，受取人に，関連する情報の提供を依頼する場合（白紙の確認状ともいわれる）や，関連する情報への受取人の同意あるいは不同意を示すように依頼する場合もある。

　ただし，外部監査と異なり，内部監査部門が第三者へ確認するケースは少ない。

図表2-17　売掛金残高の確認状（例）

売掛金残高のご照会のお願い

株式会社○○○○
○○長　○○○○様

拝啓　時下ますますご清栄のこととお喜び申し上げます。平素は格別のご高配［お引き立て］を賜り，誠にありがとうございます［厚くお礼申し上げます］。

　さて，貴社に対する当社の売掛金残高は○月末日現在下記の通りとなっております。
　つきましては，貴社残高とご照会のうえ，これと相違ないかご確認くださいますようお願い申し上げます。
　（なお，ご多忙中［ご多忙の折］，誠に恐縮ではございますが，○月○日までにご回答下さいますようお願いいたします。）

　まずは，（取り急ぎ）書面をもちまして売掛金残高のご照会のお願いまで。

敬具

記

○○○○	￥＊＊＊＊＊＊
○○○○	￥＊＊＊＊＊＊
○○○○	￥＊＊＊＊＊＊

出所：筆者作成。

　第三者へ確認する際には，以下の点に留意するとよい。
・内部監査人は，確認先の選定，確認状の作成，発送および返信の回収について自ら対応する。確認状の宛先が適切であることを確かめ，確認状を自

ら発送するとともに，返信が名宛人からの回答かどうかを確認する。

・積極的確認に対する回答がない場合，原則として，確認状を再発送する等
　により，確認先に回答を要請する。このような要請によっても回答がない
　場合，内部監査人は代替監査手続の実施を検討する。

・消極的確認に依拠する場合，内部監査人は，回答がないことをもって，確
　認先が確認状に記載した情報に同意したという監査証拠を入手したことに
　はならないことに留意する。このため，内部監査人は，消極的確認を補完
　する監査手続の実施を検討する必要がある。

6 監査技法の選択

第5節で代表的な監査技法について紹介した。では，監査技法はどのよう
に選択するべきか。

　内部監査は，収集した監査証拠に基づいて結論を出すものであり，監査証
拠があることで監査対象部門との合意が得られる。そこで，監査証拠には，
監査の結果や結論の裏付けとなるような，「十分で」，「信頼できる」，「関連
のある」，かつ「有用な」情報であることが求められる。

　「十分である」とは，監査の結論を導き出せるほど十分な量の監査証拠を
入手したかという観点で考えるとよい。1万件の取引の中から1件をサンプ
ルチェックした場合，そのコントロールが存在していることは確認できるか
もしれないが，コントロールの有効性について結論を出すには不十分かもし
れない。

　「信頼できる」とは，改ざんの可能性が低いものといえる。内部監査人が
直接証拠を入手したか，インタビューは，どの階層，あるいはどの職責を持
つ人間から取得したか，監査対象部門の作成した資料を証拠としているか，
あるいは第三者が作成した資料か，といった観点から検討するとよい。

　「関連性がある」とは，監査の目標に合致しているかという観点である。

例えば，監査の目標が，「棚卸の有効性について確認する」であるにもかかわらず，往査当日の在庫の残高確認をしたことのみを監査証跡とすれば，それは関連性がないことになる。

「有用な」とは，監査目標の達成にとって役立つかどうか，つまり，監査対象範囲，監査対象期間の監査証跡であるかという観点で検討するとよい。

以上のような観点から検討し，価値のある監査証拠を入手できる監査技法を選択するためには，監査技法の実施場所も検討する必要がある。つまり，どの監査技法を，どのように，どこで行うかということである。

監査技法は，1つのテスト（検証項目）について1種類と制限しないで，必要に応じていくつかの種類を組み合わせてよりよい監査証拠を入手するとよい。また，監査技法は，その実施の手段も検討する必要がある。マニュアルによる手段（手作業）で行うか，あるいは自動化された手段（CAATs（Computer Assisted Audit Techniques：コンピュータ支援監査技法）で行うかということも検討する必要がある。

手作業で実施するメリットとしては，特別な技術を必要としないということである。新しく挑戦する監査技法よりも，手作業の方が時間がかからないといったことがメリットになる。CAATsには，大量のデータに対して全数調査が容易に行える，監査手続を繰り返し実施できるといったメリットがあるが，監査ツールの導入や監査ツールへの習熟等が必要になる。CAATsについては**第7章**で詳述する。

また，監査技法の実施の場所も大切な検討事項である。例えば，立会などは実際の作業場所へ往査した方が実効性が高い。インタビューによる質問もリモート監査（Web会議）で行うよりも実際に会って会話をする方が，相手から得られる情報量が多く，シームレスな会話によってストレスを感じにくいというメリットがある。リモート監査のメリットは，内部監査人の移動を必要としないため，比較的監査対象部門の時間を得るのが容易であるということ，証跡を入手した後に時間をかけて検証ができるという点が挙げられる。

内部監査の目標が最も効率的・効果的に達成できる監査技法はどれかということを常に考えながら，適切な監査技法を選択することが望ましい。

注

1）日本公認会計士協会ウェブサイト，https://jicpa.or.jp。

参考文献

Institute of Internal Auditors，一般社団法人日本内部監査協会訳（2017）IPPFプラクティス・ガイド「監査報告書：アシュアランス業務の結果の伝達」『監査研究』Vol.43, No.9, pp.7-40。

アートン・L・アンダーソン，マイケル・J・ヘッド，シュリダハール・ラマムーティ，クリス・リドル，マーク・サラマシック，ポール・J・ソベル（2021）『内部監査　アシュアランス業務とアドバイザリー業務』一般社団法人日本内部監査協会。

第 3 章

リスクアプローチと監査手法

本章のポイント

　リスクアプローチは，内部監査を実施する際の必須知識である。監査資源（内部監査人の人数，時間，予算など）には限りがあるので，リスクの大きい監査対象領域，つまり，重要な監査対象領域から監査を実施する考え方である。リスクアプローチでは，リスクの識別とその大きさの評価がポイントになる。

　本章では，リスクカテゴリー，固有リスクと残余リスクなどの基本的な項目を説明した後に，DX時代ではリスクがどのように変化するのか，内部監査人は，DXによるリスクをどのように識別しなければならないのか，について説明する。

1 リスクとは何か

（1）リスクの定義

　リスクアプローチの話をする前に，ここで改めてリスクの定義について確認しておきたい。

　皆さんは，「リスク」についてどのようなイメージをもたれているだろうか。辞書で「リスク」を調べてみると，「①危険の生じる可能性。危険度。また，結果を予測できる度合い。予想通りにいかない可能性。②保険で，損害を受ける可能性。」と説明している（デジタル大辞泉）。この他に，「危険」，「危険度」，「危険性」，「上手くいかない危険」等と，「危険」といった説明がされることが多い。つまり，日本語では，「リスク」は「危険」とほぼ同義に捉えられることが多く，否定的またはマイナスなイメージが強いといえる。

　一方で，「リスク」には，「結果を予測できる度合い」，「予想通りにいかない可能性」といった意味もある。つまり，リスクには，発生可能性の意味もあり，「不確定な要素を事前に測定できるもの」ともいえる。

　それでは，内部監査の世界では「リスク」はどのように定義されているのだろうか。内部監査人協会（Institute of Internal Auditors：IIA）やCOSO（Committee of Sponsoring Organizations of the Treadway Commission：トレッドウェイ委員会支援組織委員会）は，リスクについて**図表3-1**に示すように定義している。

図表3-1　IIAおよびCOSOにおける「リスク」の定義

IIAの定義	COSOの定義
目標の達成に影響を与える事象発生の可能性。リスクは影響の大きさと発生可能性とに基づいて測定される	事象が発生し，戦略と事業目標の達成に影響を及ぼす可能性

出所：リック・A・ライト・ジュニア（2020）『内部監査人のためのリスク評価ガイド（第2版）』一般社団法人日本内部監査協会．第1章を基に筆者図表化。

　IIAおよびCOSOは，リスクについて，発生可能性つまり発生確率を定義している点に注意しなければならない。つまり，リスクは，何か悪いこと（マイナス面）を示すだけではなく，良いことの発生可能性（プラス面）も示している。例えば，原料価格のリスクについては，原料価格が上昇してコストが増大する可能性と，原料価格が低下してコストが減少する可能性の両方がある。しかし，多くの場合，リスクのマイナス面だけに注目してしまう傾向があるので注意しなければならない。

　内部監査では，リスクの捉え方がプラスの機会とマイナスの脅威に対してバランスがとれたものになっているかどうかを確認する必要がある。企業にとっては，リスクは避けられないものなので，リスクを排除すると考えるのではなく，リスクを最適化するといった対応がとられているかどうかを監査することが重要である。

　リスクの大きさは，**図表3-2**に示すように，発生可能性（発生確率）と影響の大きさをかけ合わせたもので評価できる。

図表3-2　リスクの測定方法

出所：筆者作成

　ところで，内部監査で用いられるリスクには，次の2つの特徴がある。

①リスクは，マイナスの結果だけを意味しているのではない

　目標の達成に影響を与える事象というのは，必ずしもマイナスの事象とは限らない。例えば，競合他社の撤退により，自社で販売している商品の売り上げが急増するといったプラス面のリスクもある。

②リスクは，組織体の目標との関係を考えなければならない

　リスクは，IIAおよびCOSOの定義で紹介したように，組織体つまり企業の目標達成に及ぼす影響のことなので，当然のことながら企業の目標と大きな関係がある。そこで，内部監査で取り扱うリスクは，必ず企業の目標や目的と結び付けて考えなければならない。

（2）リスクカテゴリー

　リスクカテゴリーとは，リスクの種類や分野のことである。リスクカテゴリーを考慮して，リスクの洗い出しを行えば，リスクの様々な側面があることを理解でき，リスクの抜け漏れを低減するのに役に立つ。リスクマネジメントのフレームワークを導入している企業では，内部監査で用いるリスクカテゴリーと，企業が導入しているフレームワークのカテゴリーと整合をとる必要がある。ただし，リスクマネジメントのフレームワークやリスクカテゴリーがない場合には，一般的に用いられているリスクカテゴリーを利用して，自社に合うように整合させるとよい。

　主なリスクカテゴリーには，**図表3-3**に示すようなものがある。

図表3-3　リスクカテゴリー（例）

リスクカテゴリー	内容
戦略リスク	組織体の事業戦略や目標に影響を与えるリスク （例） ・新たな法律や規制 ・新たなテクノロジーやイノベーション ・顧客や社会の嗜好の変化
オペレーショナルリスク	組織体が事業目標を達成するための内部プロセス・人・システムに影響を与えるリスク
財務リスク	組織体が行う資金調達に影響を与えるリスク （例） ・信用リスク／債務不履行リスク ・市場リスク ・金利変動リスク ・外国為替リスク ・インフレリスク ・流動性リスク ・財務報告リスク
コンプライアンスリスク	組織体による内部または外部要件への適合に影響を与えるリスク

出所：リック・A・ライト・ジュニア（2020）『内部監査人のためのリスク評価ガイド（第2版）』一般社団法人日本内部監査協会，第2章を基に筆者図表化，一部改変。

（3）2種類のリスク（固有リスクと残余リスク）

　リスクは，固有リスクと残余リスクの2つに整理できる。

①固有リスク

　コントロールを何も講じていない場合のリスク（グロスのリスク）。

②残余リスク

　固有リスクの一部であり，コントロールを講じた後に残るリスク（ネットのリスク）。　固有リスクと残余リスクの関係は，**図表3-4**に示すとおりである。

図表3-4　固有リスクと残余リスクの関係

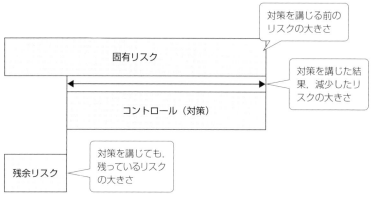

出所：島田裕次（2020）『はじめての内部監査―監査の基礎知識から実務での応用まで』日科技連出版社，p.42。

　内部監査人は，固有リスクと残余リスクのそれぞれについてリスク評価を行う必要がある。監査対象部門は，主に残余リスクを考える傾向があるが，内部監査人は，残余リスクだけではなく，固有リスクも評価する必要がある。なぜならば，固有リスクを低減するために講じている対策（コントロール）が有効に機能しているかどうかを評価するためには，固有リスクも評価する必要があるからである。したがって，内部監査におけるリスク評価においては，固有リスク（コントロールが講じられていない状態のリスク）の評価から始める必要がある。

（4）固有リスクへの５つの対応

　アートン・L・アンダーソンらは，固有リスクへの対応を，次の５種類に整理している（**図表3-5**）。リスクの「低減」や「共有」などによって固有リスクを低減させるケースが多いが，リスクの「受容」のように必ずしも固有リスクを低減させない対応や，リスクの「回避」のように固有リスクそのも

のを企業から排除する対応もある。

図表3-5　固有リスクへの対応の種類

種類	内容
受容 （Accept）	リスクの影響度または発生可能性を低減するような措置を取らないこと。組織体は，貴重な資源を受容以外のリスク対応に費やすのではなく，リスクを現状のレベルで受け入れる。
回避 （Avoid）	リスクを発生させる活動から撤退する，またはその活動を取り止める判断が下されたもの。リスクの回避には，例えば，製品のラインの打ち切り，新しい地域の市場への進出の撤回，部門の売却などが含まれることがある。
追求 （Pursue）	そのリスクを取ることが，組織体にとって有利であったり，特定のビジネス目標の達成に必要な場合に，そのリスクを活用すること。
低減 （Reduce）	リスクの影響度または発生可能性，またはその両方を低減するための措置を講じること。これには，コントロールの導入など，日常のビジネス上の多種多様な決定が含まれる。
共有 （Share）	リスクの一部を移転または共有することで，リスクの影響度または発生可能性を低減すること。一般的な手法として，保険商品の購入，ヘッジ取引の実行，業務の外部委託などがある。

出所：アートン・L・アンダーソン，マイケル・J・ヘッド，シュリダハール・ラマムーティ，クリス・リドル，マーク・サラマシック，ポール・J・ソベル（2021）『内部監査―アシュアランス業務とアドバイザリー業務（第4版）』一般社団法人日本内部監査協会，pp.5-15, 16。

2　リスクアプローチ

（1）リスクアプローチとは

　リスクアプローチとは，監査対象範囲のすべてを監査するのではなく，社外環境（経済環境，社会環境，市場動向など）と社内環境（経営状況，事業特性，顧客特性など）を勘案して，重要なリスクに対して重点的に監査資源（監査工数，監査期間，監査ツール，予算など）を投入し，効果的・効率的に監査を行う手法のことである。

日本公認会計士協会の会計監査用語解説集[1] によると，リスクアプローチについて，次のとおり定義している。

「監査を効果的・効率的に進めるための手法。監査の人員や時間などの監査資源が有限であるため，すべての項目に対して総括的に監査を行うのではなく，経済環境，会社の特性などを勘案して，財務諸表の重要な虚偽表示に繋がるリスクのある項目に対して重点的に監査資源を投入し，効果的・効率的に監査を行う手法。」

　内部監査部門がコストセンターであることを考慮すると，監査資源が潤沢に割り当てられている企業は必ずしも多くない。むしろ，多くの企業では，監査対象の部門や業務が膨大にあるので，すべての部門や事業所，また子会社・関連会社を対象として網羅的に内部監査を行うための監査資源を確保することは困難である。

　そこで，限られた監査資源を有効かつ効率的に活用するために，企業にとってリスクのある領域から優先的に内部監査を実施する必要がある。このような監査手法はリスクアプローチ監査と呼ばれている。

　「IIA国際基準2010—（内部監査部門の）計画の策定)」では，次のようにリスクアプローチを用いて内部監査の優先順位を決定して監査計画を策定すること（リスク・ベースの監査計画）が求められている。

　内部監査部門長は，組織体のゴールと調和するように内部監査部門の業務の優先順位を決定するために，リスク・ベースの監査計画を策定しなければならない。

解釈指針：

　リスク・ベースの監査計画を作成するために，内部監査部門長は，最高経営者および取締役会と協議し，組織体の，戦略，主要な経営目標，それらに関連

するリスク，およびリスク・マネジメントのプロセスを理解しなければならない。
内部監査部門長は，組織体のビジネス，リスク，業務，プログラム，システム
およびコントロール手段における変化に即応して，必要に応じ，監査計画をレ
ビューし，調整しなければならない。

2010.A1 ― 個々のアシュアランス業務について，内部監査部門の計画は，少な
くとも年に1度実施される文書化されたリスク評価に基づかなければならない。
この計画策定プロセスでは，最高経営者および取締役会からの意見を考慮しな
ければならない。

2010.A2 ― 内部監査部門長は，内部監査の意見およびその他の結論に向けた，
最高経営者，取締役会およびその他の利害関係者の期待を，意識し考慮しなけ
ればならない。　　　　　　　　　　　　　　　　　　　　　（下線は筆者）

（2）リスクアプローチによる監査計画の策定

　ここではリスクアプローチを用いて監査対象を決定する方法を詳しく紹介
する（図表3-6）。

図表3-6　リスクアプローチによる監査対象の決定

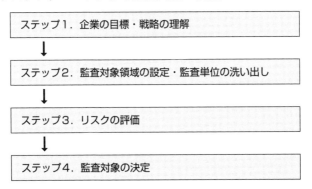

出所：筆者作成。

①ステップ１：企業の目標・戦略の理解

「IIA国際基準2010」で定められているように，内部監査計画は，「組織体のゴールと調和する」ことが必要であるため，まず，企業のゴールとなる目標・戦略の理解から始める。目標と一口にいっても，全社レベル，部門レベル，業務レベルといった様々なレベルでの目標がある。年間監査計画を策定する場合には，全社レベルの経営目標や戦略から理解するとよい。また，目標・戦略に加えて，目標に関連するリスク，およびリスクマネジメントのプロセスも理解しなければならない。

目標，リスクおよびプロセスの理解に際しては，社内の主要な文書を入手して査閲するとともに，「IIA国際基準2010」の解釈指針で示されているとおり，最高経営者，取締役会メンバー，業務執行役員，部門長，第２ライン部署，人事部等の主要なステークホルダーへのインタビュー等のコミュニケーションにより情報収集を行う。また，情報の収集は社内に限らず社外のステークホルダー，例えば外部監査人，規制当局の意見や公表物なども対象とする必要がある。

なお，内部監査人は，企業に所属しているので，経営計画や事業計画などについては当然のことながら理解しているはずである。内部監査人は，日頃からこれらの文書について十分に理解しておくとよい。

②ステップ２：監査対象領域の設定・監査単位の洗い出し

企業の主要な目標と戦略を理解した後に，監査対象領域（Audit Universe）を設定する。次に，監査対象領域を細分化し監査を実施しやすくしたものが監査対象単位（Auditable Unit，以下監査単位）であり，企業の戦略目標および関連リスクに調和した監査対象領域を示したものである（**図表3-7**）。

監査単位は，「リスクの存在により内部監査を実施する正当な理由となる可能性のある，特定のトピック，テーマ，プロジェクト，部門，プロセス，事業体，機能または領域」である。したがって，監査単位には，部門別の他，

業務別やプロジェクト・テーマ別など，様々なものがある。この監査単位を作成する際には，英語で「Auditable」とあるとおり，監査を実施しやすい単位・サイズ感とすることがポイントになる。監査単位が大きすぎると，監査を実施する際に改めて監査単位の見直しが必要になってしまうので，Auditable（監査可能）なサイズとなるようにすることが大切である。また，監査単位が小さすぎると，監査が非効率になってしまうので，注意が必要である。

　監査対象領域に関する標準的なガイダンスはないので，各社で検討することになるが，監査対象領域に大きな抜け漏れがあった場合，重要なリスクを見逃してしまう。それを避けるために，内部監査部門が作成した監査対象領域は，最高経営者，取締役会メンバー，主要なステークホルダー，特にリスクマネジメント部門の意見を聞いてその網羅性を確保する必要がある。

　監査対象領域は，一度作成したら終わりというわけではない。企業の目標や戦略，社内外の環境変化などによって，監査対象領域は影響を受けるので，定期的または随時にレビューや見直しを行って更新していく必要がある。

図表3-7　監査対象領域と監査単位の関係

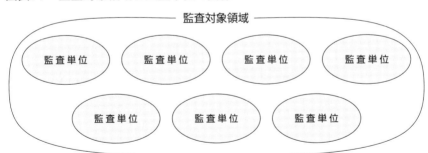

出所：筆者作成。

③ステップ３：リスクの評価

　ステップ２で洗い出した監査単位毎にリスクの評価を行う。リスク評価は，

前述のように「影響度」と「発生可能性」の2つの軸で行う。それぞれの評価は，数値（3段階や5段階等）またはカテゴリー（高，中，低等）のどちらかで行う。リスク評価のイメージは，リスクヒートマップとして表すことができる（**図表3-8**）。

図表3-8 リスクヒートマップ

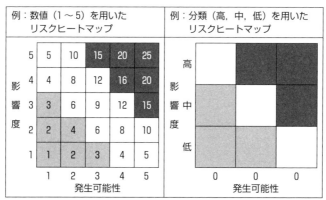

出所：一般社団法人日本内部監査協会（2020）『内部監査人のためのリスク評価ガイド（第2版）』第13章を基に筆者作成。

④ステップ4：監査対象の決定

　監査単位毎にリスクカテゴリーやリスク要因毎に影響度と発生可能性を評価して，固有リスクの総合評価を行う。その後，監査単位におけるコントロールの有効性の評価を行い，最終的に残余リスクの評価を行う（**図表3-9**）。その後に，リスクを高い順に並べて，監査資源との兼ね合いでリスクの高いものから監査対象として決定する。

図表3-9　監査対象の決定

| | 固有リスク | | | | | コントロールの有効性 | 残余リスク評価 |
	リスクA	リスクB	リスクC	リスクD	総合評価		
監査単位1	高	高	高	高	高	強	低
監査単位2	高	高	中	高	高	中	中
監査単位3	高	中	高	高	高	弱	高
監査単位4	中	中	中	低	中	強	低
監査単位5	低	中	中	低	中	弱	中
監査単位6	高	低	中	低	中	中	中

出所：筆者作成。

（3）リスクベース監査とサイクル監査

　リスクベース監査に対してサイクル監査と呼ばれる監査手法がある。従来の内部監査では，サイクル監査が用いられることが多かった。サイクル監査は，主に部門別監査で用いられることが多く，社内の各部門を3年あるいは5年といった一定期間をかけて万遍なく監査を実施する手法である（**図表3-10**）。

　一方，リスクベース監査では，一律にすべての部門・業務に対して監査を実施するのではなく，リスク評価の結果，リスクが大きな部門・業務から優先して監査を実施していく方法である。そのため，リスクが小さいと評価される部門・業務に対して監査は実施しない。

　両者には，それぞれメリット・デメリットがあるため，それを理解した上で監査単位を決定するとよい。なお，両者を組み合わせた手法もある。例えば，リスクの大きな部門・業務については，毎年監査を行い，リスクが中程

度の部門・部署や業務については2年に1度監査を実施，さらにリスクの小さい部門・部署や業務については3年に1度といったようにリスクに応じて監査頻度を変える手法である。

図表3-10　リスクベース監査とサイクル監査

	リスクベース監査	サイクル監査
特徴	組織体にとって重要かつリスクが高いと評価した部門や業務プロセスを優先的に監査する。	全部門またはすべての業務プロセスを一定の周期で監査する。
メリット	重要なリスクのある範囲に対して重点的に監査資源を投入し，効果的・効率的に監査を行う。	監査を受けない部門や業務プロセスがない（網羅性が担保できる）。
デメリット	リスクが低いと評価された部門や業務プロセスは監査が行われない。	リスクが低いと評価された部門や業務プロセスまで監査するため，膨大な監査リソースが必要である。

出所：島田裕次（2020）『はじめての内部監査―監査の基礎知識から実務での応用まで』日科技連出版社，p.49を筆者改変。

3　DXとリスクアプローチ

　DXにより新たなリスク，また減少するリスクがあり，内部監査人はそれを認識する必要がある。

（1）DXの進展

　経済産業省が2018年に「DX推進ガイドライン」を発表する等，ここ数年，日本では政府によるDX（デジタルトランスフォーメーション）推進の動きもあり，企業，政府，地方自治体などではデジタル化が進められている。さらに，新型コロナウイルス感染症の影響により，デジタル化の流れは日本のみならず世界中で一気に加速することとなり，期せずしてDXの基盤が整備された。

　世界的な監査法人であるPwCが実施した「第24回世界CEO意識調査」（2021年1月〜2月）によれば，世界のCEOは，新型コロナウイルス感染症によるパンデミック禍においてもDXを積極的に推進していることがわかる。今後3年間の投資分野の調査では，世界のCEOの約8割がDXへの投資を増加，そのうち約半数は10％以上投資を増加させると回答しており，今後さらにDX推進は加速されていくものと考えられる（**図表3-11**）。

　同調査では，世界，日本のCEOともに，成長見通しに対する潜在的な脅威として「サイバー攻撃の脅威」を2位に挙げている（**図表3-12**）。「サイバー攻撃の脅威」は，2020年の調査では世界のCEOでは4位，日本のCEOで

図表3-11　今後3年間の投資分野

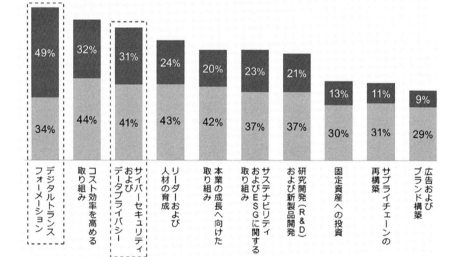

注　：質問項目および回答については以下のとおりである。
　　　［質問］　COVID-19危機を受けて，今後3年間で以下の分野への長期投資をどのように変える予定ですか。
　　　回答　「やや増やす（増加割合3〜9％）」および「大きく増やす（増加割合10％以上）」との回答のみを表示。
出所：PwC（2021b）「第24回世界CEO意識調査—サイバーセキュリティ編」https://www.pwc.com/jp/ja/knowledge/thoughtleadership/ceo-survey/cyber-security2021.html。

図表3-12　成長見通しに対する潜在的な脅威（2020年，2021年比較）

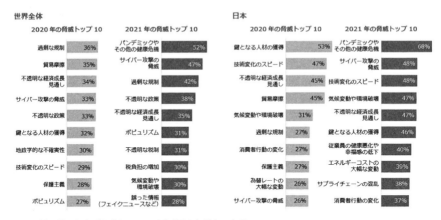

注　：質問項目および回答については以下のとおりである。
　　　［質問］　貴社の成長見通しに対する潜在的な脅威（経済，政策，社会，環境，ビジネス）に関
　　　して，どの程度懸念していますか。
　　　回答　「非常に懸念している」との回答のみを表示。
出所：PwC（2021a）「第24回世界CEO意識調査」https://www.pwc.com/jp/ja/knowledge/
　　　thoughtleadership/ceo-survey/2021.html。

は10位であったが，2021年の調査では「パンデミックやその他の健康危機」
に次ぐ脅威の第2位として認識されている。「サイバー攻撃」が世界，日本と
もにパンデミックに次ぐ2位となった背景には，DXの急激な推進に起因する
ランサムウェア（身代金要求型ウイルス）の増加や，新型コロナウイルス感
染症感染拡大に伴うリモートワークの急激な増加によるデジタル化の加速に
より，情報セキュリティに対する懸念が強まったことがあると考えられる。

　上述のとおり，昨今の新型コロナウイルス感染症感染拡大の影響により，
世界中で企業を取り巻く環境は大きく変化し，世界，日本のCEOともに脅
威トップ10がたった1年で大きく変化している。さらに今後，各企業がDX
推進を加速させていく意向であることを踏まえると，企業を取り巻くリスク
も大きく変化していくことが考えられる。

　内部監査部門は，自社および自社グループがどの程度DXを推進している
のか，今後どのようにDXを推進していくのか等の情報を収集するとともに，

DX推進に伴い，これまでとは異なる新たなリスクの想定やそれへの対応ができているか等を確認していく必要がある。

（2）DXとIT化の関係

　DX推進に関するリスクを考える前に，DXと混同されがちなIT化との違いについても触れておきたい。

　DXとは，Digital Transformationの略語であり，経済産業省の「DX推進ガイドライン」では，「企業がビジネス環境の激しい変化に対応し，データとデジタル技術を活用して，顧客や社会のニーズを基に，製品やサービス，ビジネスモデルを変革するとともに，業務そのものや，組織，プロセス，企業文化・風土を変革し，競争上の優位性を確立すること」と定義されている。

　一方，ITとはInformation Technologyの略語であり，IT化とはこれまでアナログな方法で行っていた業務を，デジタル技術やデータを活用しデジタル化することにより，既存の作業・業務の効率化，生産性向上を図ること，と定義できる。

　つまり，IT化が業務の効率化・生産性向上を目的としてデータやデジタル技術の導入を進めることに対して，DXはそのIT化を手段の1つとしてビジネスモデル等を変革していくことである（**図表3-13**）。

図表3-13　DXとIT化の関係

出所：筆者作成

　したがって，企業のリスクを考える場合には，そのリスクがIT化によるものなのか，DXによるものなのかを識別する必要がある。

IT化における主なリスクとしては，システム障害やセキュリティ事故，サイバー攻撃等が挙げられる。企業の個人情報や機密情報がアナログからデジタル化されることに伴い，一度に大量のデータが漏洩・流出するリスクが高まっている。またIT化に伴いテレワークがより一層拡大していくことによって，オフィス勤務時よりも従業員による不正リスクが高まるかもしれない。

　一方，DX推進は，IT化に限らない製品やサービス，ビジネスモデル，そしてそのための組織やプロセス，さらに企業文化・風土まで含めた変革であることを考えると，まず戦略リスクを考える必要がある。

4　リスクベースの個別監査計画

　年間監査計画の策定と同じように，個々の監査計画の策定においても，監査対象範囲を網羅的に監査するのではなく，リスクベースで個別監査計画を策定するとよい。

　いわゆるチェックリストに基づいて準拠性監査を行う場合には，チェックリストの監査項目をすべて監査する必要があるため，リスクアプローチを適用することはそぐわない。一方，RCM（リスク・コントロール・マトリクス）を作成するような従来型監査については，様々な場面でリスクアプローチを用いることができる。

　監査プロセス（**図表3-14**）の「計画」において，監査対象の目標達成に影響を与える重要リスクを識別するためにリスク評価を行い，リスクが高いと

図表3-14　監査プロセス

出所：筆者作成。

評価したリスクやプロセスなどを監査単位とする。

　個別監査におけるリスクやプロセス等の監査項目ごとのリスク評価におい
ても，影響度と発生可能性の点から固有リスクを評価する（**図表3-15**）。こ
こでポイントとなるのは，コントロールなどの対策が講じられた後の残余リ
スクではなく固有リスクを評価することである。監査においてコントロール
がリスクへの対応として有効であるか，つまりリスクが低減できているかど
うかを確認する必要があるからである。

　また，テスト対象とするかどうかのリスク評価を行うとともに，固有リス
クの大きさに合わせてテストサンプル数を増減させる。つまり，固有リスク
の高いリスクに対してはテストサンプルを多く選定，逆に低いリスクに対し
てはサンプルを少なくするなど，リスクに応じて監査手続書（テストプログ
ラム）を作成する。

図表3-15　個別監査におけるリスク評価（例）

監査項目	固有リスク			テスト対象
	影響度	発生可能性	スコア	
A	3	1	3	×
B	3	2	6	○
C	3	3	9	○
D	2	2	4	○
E	1	3	3	×

出所：筆者作成。

　個別監査においても監査対象範囲のリスクを網羅的に確認することは難し
く，非効率であるため，IIAが求めているようにリスクベースで計画し，実
施する必要がある。

注

1）日本公認会計士協会「会計監査用語解説集」https://jicpa.or.jp/cpainfo/introduction/keyword/。

参考文献

Institute of Internal Auditors，一般社団法人日本内部監査協会訳（2021）IPPFプラクティス・ガイド「リスクベースの内部監査計画の策定」『監査研究』Vol.47，No.10，pp.27-58。

PwC（2019）Elevating internal audit's role: The digitally fit function（2019 State of the Internal Audit Profession Study）.（PwCあらた有限責任監査法人訳（2019）「2019年内部監査全世界実態調査—デジタル化で高まる内部監査の役割」。）

PwC（2021a）「第24回世界CEO意識調査」https://www.pwc.com/jp/ja/knowledge/thoughtleadership/ceo-survey/2021.html。

PwC（2021b）「第24回世界CEO意識調査—サイバーセキュリティ編」https://www.pwc.com/jp/ja/knowledge/thoughtleadership/ceo-survey/cyber-security2021.html。

一般社団法人日本内部監査協会（2017）『専門職的実施の国際フレームワーク』。

リック・A・ライト・ジュニア，堺 咲子訳（2020）『内部監査人のためのリスク評価ガイド（第２版）』。

アートン・L・アンダーソン，マイケル・J・ヘッド，シュリダハール・ラマムーティ，クリス・リドル，マーク・サラマシック，ポール・J・ソベル（2021）『内部監査—アシュアランス業務とアドバイザリー業務（第４版）』一般社団法人日本内部監査協会，pp.5-15，16。

経済産業省（2018）「デジタルトランスフォーメーションを推進するためのガイドライン（DX推進ガイドライン）Ver.1.0」12月12日。

島田裕次（2020）『はじめての内部監査—監査の基礎知識から実務での応用まで』日科技連出版社。

第 4 章

アジャイル型監査

本章のポイント

　DXによって，リスクが激しく変化することが予測できる。リスクの変化が激しくなると，従来型の監査手法，つまりウォーターフォール型監査では，柔軟に対応できなくなるおそれがある。社内各部門が，DXに対応して業務プロセスを変革しているが，内部監査部門も例外ではない。内部監査部門は，内部監査の進め方をリスクの変化に対応できるように改革する必要がある。

　本章では，システム開発の手法の1つであるアジャイル開発を内部監査に適用した手法であるアジャイル型監査について説明する。アジャイルシステム開発の説明をした後に，アジャイル型監査について事例を紹介しながら解説する。

1 システム開発におけるアジャイル開発

（1）アジャイル開発とは

　アジャイル型監査は，アジャイル開発というシステム開発手法の概念から生まれた監査手法である。そこで，最初にアジャイル開発について簡単に紹介する。

　システム開発に馴染みのない内部監査人は，アジャイル開発の流れを理解していただければよい。

　アジャイル（Agile）という言葉には，「機敏な」「俊敏な」「素早い」といった意味がある。システム開発においてアジャイル開発という用語が誕生したのは2001年のことである。当時，軽量のソフトウェア開発を提唱していた17名の技術者やプログラマーがアメリカのユタ州に集まり，従来の重厚な開発プロセスの問題点を解決するために，もっと軽量のやり方ができないか議論を行った結果，自分たちの根底にある考えには多くの共通点があることに合意し，次のアジャイルソフトウェア開発宣言を示したのが始まりとされている[1]。

私たちは，ソフトウェア開発の実践
あるいは実践を手助けをする活動を通じて，
よりよい開発方法を見つけだそうとしている。
この活動を通して，私たちは以下の価値に至った。

プロセスやツールよりも個人と対話を，
包括的なドキュメントよりも動くソフトウェアを，
契約交渉よりも顧客との協調を，
計画に従うことよりも変化への対応を，

価値とする。すなわち，左記のことがらに価値があることを
認めながらも，私たちは右記のことがらにより価値をおく。

　この宣言は，従来のシステム開発で必要とされてきた「プロセスやツール」，「包括的なドキュメント」，「契約交渉」，「計画に従うこと」を否定しているわけではない。「プロセスやツール」，「包括的なドキュメント」，「契約交渉」，「計画に従うこと」よりも，「個人と対話」，「動くソフトウェア」，「顧客との協調」，「変化への対応」に価値を置いている点に特徴がある。

　アジャイル型監査というと，「監査手続を口頭で説明すればよく，ドキュメントは作らなくていい」，「どうせ計画は変わるので，最初から計画は立てなくてもいい」といったアジャイルの本質を誤解した意見を聞くことがある。その際には，「アジャイルソフトウェア開発宣言」の考え方に立ち返ることを勧める。

　「アジャイルソフトウェア開発宣言」で公表されている内容を実現するために，次のような12の原則が「アジャイル宣言の背後にある原則」としてまとめられている[2]。

私たちは以下の原則に従う：

1．顧客満足を最優先し，価値のあるソフトウェアを早く継続的に提供します。

2．要求の変更はたとえ開発の後期であっても歓迎します。変化を味方につけることによって，お客様の競争力を引き上げます。

3．動くソフトウェアを，2-3週間から2-3ヶ月というできるだけ短い時間間隔でリリースします。

4．ビジネス側の人と開発者は，プロジェクトを通して日々一緒に働かなければなりません。

5．意欲に満ちた人々を集めてプロジェクトを構成します。環境と支援を与え仕事が無事終わるまで彼らを信頼します。

6．情報を伝えるもっとも効率的で効果的な方法はフェイス・トゥ・フェイスで話をすることです。

7．動くソフトウェアこそが進捗の最も重要な尺度です。

8．アジャイル・プロセスは持続可能な開発を促進します。一定のペースを継続的に維持できるようにしなければなりません。

---

9. 技術的卓越性と優れた設計に対する不断の注意が機敏さを高めます。

10. シンプルさ（ムダなく作れる量を最大限にすること）が本質です。

11. 最良のアーキテクチャ・要求・設計は，自己組織的なチームから生み出されます。

12. チームがもっと効率を高めることができるかを定期的に振り返り，それに基づいて自分たちのやり方を最適に調整します。

「アジャイルソフトウェア開発宣言」と「アジャイル宣言の背後にある原則」の内容は，どちらもシステム開発の話ではあるが，アジャイル型監査を実践していく上でも，参考となる原則が書かれている。

（2）ウォーターフォール開発との違い

システム開発手法としては，従来，ウォーターフォール開発が広く使われていた。ウォーターフォール開発とは，システム開発に際して，まずシステムの要件定義（システム化範囲，システム機能などの定義）を行い，その後に基本設計，詳細設計，プログラム作成（実装），テスト，移行，本番稼働というような流れでシステム開発を行う手法である。滝が上から下へと流れ落ちるようにシステム開発が行われることからウォーターフォール開発と呼ばれている。

ウォーターフォール開発では，工程の順序を変えることはできず，設計ミスやプログラムミスが発生した場合には，前行程に遡って修正しなければならない。

一方，アジャイル開発は，最初から決まった仕様を100％満たすように開発することを想定したものではない。アジャイル開発では，短期間で行われる開発からテスト，ユーザ確認までのプロセス（スプリント）を繰り返して，システムをブラッシュアップしながら確定していく手法である。そのため，システム開発担当者だけでなく，ユーザも巻き込んだチームを結成して，一

体となってシステムを開発する。アジャイル開発では，画面イメージや画面操作をユーザと確認しながら開発できるので，ユーザニーズに合ったシステムを開発しやすい（**図表4-1**）。

図表4-1　ウォーターフォール開発とアジャイル開発

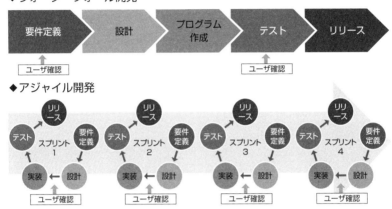

出所：筆者作成。

　なお，アジャイル開発には，「スクラム」，「エクストリーム・プログラミング（XP）」，「ユーザ機能駆動開発（FDD）」等の手法がある。

（3）アジャイル開発におけるスクラム

　ここではアジャイル開発で最も代表的な手法である「スクラム」を取り上げて説明していく。スクラムは，1990年代にケン・シュウェイバー氏とジェフ・サザーランド氏によって考案されたといわれている。スクラムのルールは，両氏が作成した「スクラムガイド」で定義されている。2010年に初版が公開され，その後，数年毎に内容が改定されている。ここでは，「スクラムガイド」（2020年11月版）[3]を参照しながら，スクラムの概要を説明する。

①スクラムとは

　「スクラムとは，複雑な問題に対応する適応型のソリューションを通じて，人々，チーム，組織が価値を生み出すための軽量級フレームワークである。（中略）スクラムフレームワークは意図的に不完全なものであり，スクラムの理論を実現するために必要な部分のみが定義されている。」とあるとおり，スクラムは，次に述べる3つの役割，5つのイベント，3つの作成物など最低限のフレームワークやルールで構成されている。これらのフレームワークやルールをどのように適用していくのかについては，自分たちで決めなければならない。また，「スクラムガイド」で定められていない部分については，自分たちに合うようにカスタマイズしていく必要がある。

②スクラムの3つの役割

　スクラムの基本単位は，スクラムチームという小さなチームである。スクラムチームは，**図表4-2**に示すようにスクラムマスター，プロダクトオーナ

図表4-2　スクラムの3つの役割

役割	内容
スクラムマスター	「スクラムガイドで定義されたスクラムを確立させることの結果に責任を持つ。」役割であり，スクラムチームに1人配置される。スクラムマスターは，様々な形でスクラムチーム，プロダクトオーナーや組織を支援する，真のリーダーである。
プロダクトオーナー	「スクラムチームから生み出されるプロダクトの価値を最大化することの結果に責任を持つ。」役割であり，スクラムチームに1人配置される。プロダクトの責任者であり，プロダクトバックログの作成・変更，並び順の最終決定権限を持つ。
開発者	「各スプリントにおいて，利用可能なインクリメントのあらゆる側面を作成することを確約する。」役割であり，スクラムチームに複数人配置される。開発者が全員揃えばそのプロダクトを作ることのできる機能横断的なメンバーで構成される。プロダクトオーナーが順位付けしたプロダクトバックログを達成するためのスプリントの計画を作成し，順番に開発を行う。

出所：Schwaber, K. and J. Sutherland「スクラムガイドースクラム公式ガイド：ゲームのルール」（2020年11月版）https://scrumguides.org/docs/scrumguide/v2020/2020-Scrum-Guide-Japanese.pdf (menlosecurity.com) を基に筆者作成。
以降の図表4-3, 4-4についても上記を出所とする。

ーおよび開発者という3つの役割で構成されている。また，「スクラムチームは機能横断的で，各スプリントで価値を生み出すために必要なすべてのスキルを備えている。また，自己管理型であり，誰が何を，いつ，どのように行うかをスクラムチーム内で決定する。」とされている。

③スクラムの5つのイベント

　「スクラムにおけるそれぞれのイベントは，スクラムでの作成物の検査と適応をするための公式の機会である。これらのイベントは必要な透明性を実現するために明確に設計されている。」（**図表4-3**）つまり，以下のイベントが定められたとおりに運用されない場合には，検査と適応の機会が失われるので，期待されたシステムを作成することができない。また，これらのイベントは「複雑さを低減するために，同じ時間と場所で開催されることが望ましい。」とされている。

図表4-3　スクラムの5つのイベント

イベント	内容
スプリント	「スクラムにおける心臓の鼓動」であり，一貫性を保つため，最長1ヶ月以内の決まった期間で設定する。スプリントにより，プロダクトゴールに対する進捗の検査と適応が最低でも1か月毎に行い，予測可能性が高まる。スプリントが長すぎると，スプリントゴールが役に立たなくなり，複雑さが増し，リスクが高まる可能性がある。逆に，スプリントを短くすれば，より多くの学習サイクルが生み出され，コストや労力のリスクを短い時間枠に収めることができる。以下4つのイベントはすべて，このスプリント期間内に実施される。
スプリントプランニング	「スプリントの起点」であり，そのスプリントでのゴールを設定し，そのゴールへの作業計画を立てるイベントである。プロダクトオーナーは，そのスプリントで扱うプロダクトバックログと受入基準を定義し，開発者はそのプロダクトバックログを完成させるための計画（スプリントバックログ）を作成する。
デイリー・スクラム	スプリントプランニングで策定したスプリントゴールに対する進捗を検査し，必要に応じてスプリントバックログを適応させるために行う毎日15分のイベントである。複雑さを低減するため，毎日・同じ時間・場所で開催する。

スプリントレビュー	スプリントでの成果を検査し，今後の適応を決定させる。スクラムチームは，主要なステーク・ホルダーに作業の結果を提示し，プロダクトゴールに対する進捗について話し合う。
スプリントレトロスペクティブ	スプリント終了時には，スクラムチームはスプリント中に何がうまくいったか，どのような問題が発生したか，そしてそれらの問題がどのように解決されたか（または解決されなかったか）について話し合う。ここで，チームの効果を改善するために最も役に立つ変更を特定し，影響の大きな改善は，できるだけ早く対処する。

出所：図表4-2出所参照。

④スクラムの3つの作成物

スクラムチームには，**図表4-4**に示すように3つの作成物がある。各作成物により進捗を測定することができる。

・プロダクトバックログのためのプロダクトゴール

・スプリントバックログのためのスプリントゴール

・インクリメントのための完成の定義

図表4-4　スクラムの3つの作成物

作成物	内容
プロダクトバックログ	創発的かつ順番に並べられた，プロダクトの改善に必要なものの一覧である。これは，スクラムチームが行う作業の唯一の情報源である。
スプリントバックログ	スプリントゴール（なぜ），プロダクトバックログ（何を），およびインクリメントを届けるための実行可能な計画（どのように）で構成される開発者による，開発者のための計画である。スプリントバックログには，スプリントゴールを達成するために開発者がスプリントで行う作業がリアルタイムに反映される。
インクリメント	過去のスプリントまでに完成したものと今回のスプリントで完成したプロダクトバックログ項目を合わせたものである。徹底的に検証できるようにインクリメントは利用可能でなければならない。

出所：図表4-2出所参照。

以上を整理すると，**図表4-5**のようになる。成果物を完成させるために，スプリントを繰り返す。

図表4-5　スプリント内の進め方

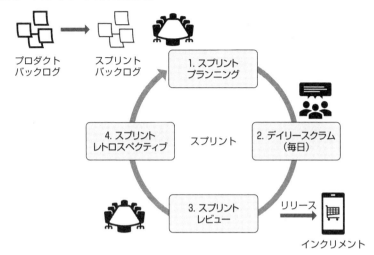

出所：筆者作成。

（4）アジャイル型監査の考え方

　アジャイル開発の考え方や手法を反映した監査手法がアジャイル型監査である。

　ウォーターフォール開発とアジャイル開発の関係を従来型監査（ウォーターフォール型監査）とアジャイル型監査で置き換えると，**図表4-6**のように整理できる。

　ウォーターフォール型のリスクベースで実施する内部監査では，ウォーターフォール開発のようにまずは個別の監査計画を立て，その計画に基づき監査手続を作成・実施し，最後にまとめて報告するというのが基本的な流れである。この例では，監査開始から監査報告書の発出までの期間を3，4か月（12～16週間）としている。企業や監査内容により，期間の長短はあるが，「計画→実施→報告」という流れには変わりはない。

　一方，アジャイル型監査では，ウォーターフォール型監査と同じく，個別

図表4-6　ウォーターフォール型監査とアジャイル型監査

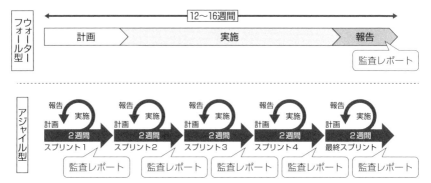

出所：筆者作成。

　の監査開始前に個別監査計画は立てるものの，その計画に盲目的に従うのではなく，各スプリントの計画を立てる段階において，それまでのスプリントの監査手続で確認できた事実や，監査対象部門等から入手した最新情報に基づいて，監査対象領域や監査項目（監査手続）を見直す柔軟かつ機動的な監査手法である。

　アジャイル型監査がウォーターフォール型監査と大きく異なる点は，アジャイル型監査では，個別監査計画で定めた監査対象領域や監査項目をさらに細分化して，1つのサイクルである「スプリント」の中で，計画，実施，そして監査結果の報告までを行う点である。

（5）アジャイル型監査の手法

　アジャイル型監査の具体的な手法は，前述のアジャイル開発における3つの役割，5つのイベント，3つの作成物に当てはめると，**図表4-7～図表4-9**のように整理できる。

　アジャイル開発にも様々な手法があるように，アジャイル型監査にも画一的に決まった手法があるわけではなく，様々な手法がある。ここで紹介した

役割やイベントは一例なので，アジャイル型監査を導入する場合には，最低限のルールを遵守しつつ，各社のアジャイルの浸透度合いや内部監査自体の成熟度，アジャイル型監査の導入目的等に応じてカスタマイズするとよい。

図表4-7　アジャイル型監査における3つの役割

役割	内容
スクラムマスター	・スクラムの原則に則って活動できるようにチームを支援する役割を担う。 ・プロダクトオーナーとは別のメンバーが担う。
プロダクトオーナー	・個々の監査の目標達成の責任者である。 ・ステークホルダー（監査対象部門等）との合意を形成する。 ・個々の監査の目的や範囲，プロダクトバックログを作る役割を担う。 ・監査責任者や監査主担当者が担うことが多い。
メンバー	・個々の監査のプロダクトバックログを完成させるためにスプリントバックログを作る。 ・プロダクトバックログの要件を満たすことができるように監査手続を計画し，実施する。 ・当該監査の目的を達成することができるメンバーを割り当てる。

出所：筆者作成。

図表4-8　アジャイル型監査における5つのイベント

イベント	内容
スプリント	・1か月以内の期間（1週間，2週間，4週間）で設定する。 ・スプリントの期間は原則固定し，スプリント毎の期間の変更はしない。
スプリントプランニング	・各スプリントでのスプリントゴール（監査目的）を定める。 ・プロダクトオーナーは，プロダクトバックログ（監査項目）を，メンバーは，スプリントバックログ（監査手続）を決定する。
デイリー・スクラム	・スクラムチームが毎日，決まった時間に，決まった場所で行うイベントである。 ・各スプリントプランニングで定めたスプリントゴールの達成に向けて，昨日やったこと，今日やること，障害や問題点について確認する。
スプリントレビュー	・各スプリントでの監査結果を，監査対象部門を含めたステーク・ホルダーに報告し，フィードバックを得るイベントである。 ・次のスプリント以降の監査計画やリスク認識等を共有し，フィードバックを得て，次スプリント以降のプロダクトバックログに反映する。
スプリントレトロスペクティブ	・スプリントでの活動を振り返る。 ・上手くいったことは継続し，上手くいかなかったことは，今後のスプリントに向けて改善策を検討する。

出所：筆者作成。

図表4-9　アジャイル型監査における 3 つのプロダクト（作成物）

作成物	内容
プロダクトバックログ	監査目的を達成するために必要なアイテムを時系列または優先順位の順に並べた一覧であり，プロダクトオーナーが作成する監査項目。
スプリントバックログ	プロダクトバックログを完成させるために必要な監査手続であり，メンバーが作成するタスク。
インクリメント	スプリント毎に定めたプロダクトバックログに対する監査結果や発見事項を記載したレポート。

出所：筆者作成。

2 DXとアジャイル型監査

　2018年に経済産業省が「DX推進ガイドライン」を発表したこと，また昨今の新型コロナウイルス感染症の流行によってDX推進が加速している現状を踏まえると，今後さらに加速していくことが予想される。

　DX推進に際しては，アジャイル開発のマインドや手法が合っているといわれており，企業では，DXを推進するために，アジャイル手法を用いた商品開発や，アジャイル型組織への変革等が，今後，増加していくと考えられる。また，具体的にアジャイル開発やアジャイル型組織を導入しなくとも，従来と比較してビジネスの速度が早まっていることを踏まえると，内部監査が企業運営に価値を付加するためにも，これまでのように事後的な監査ではなく，リアルタイムで行う監査が期待されている。

　アジャイル型監査はその期待に応える方法の 1 つである。アジャイル型監査の場合，スプリント毎に「計画→実施→結果の報告」までを行うので，企業のビジネス展開の速度に合わせてスプリント毎に指摘や改善提案を行いビジネス改善に貢献することができる。

3　アジャイル型監査のメリット

アジャイル型監査は，ウォーターフォール型監査と比較して次のようなメリットがあるので，DX推進にはウォーターフォール型監査よりもアジャイル型監査の方が適しているといえる。

（1）スプリント毎の監査対象部門とのコミュニケーション

監査期間中であっても，監査対象部門等からのニーズを取り込んだり，監査対象部門等から入手した最新の情報に基づいた監査計画の見直しが容易である。その結果，ビジネスに対応したリスクに焦点を絞ることが可能になり，無駄な監査手続を削減することができる。監査手続の削減は，監査対象部門にとっては，監査対応負荷の軽減につながる。

（2）スプリント毎の監査結果の監査対象部門への伝達

監査結果に対する監査対象部門やステークホルダーからのフィードバックを早期に受け取ることができる。そのため，監査報告書の提出段階で意見や認識の相違といった事態を未然に防ぐことが可能となる。

（3）スプリント毎の指摘事項の監査対象部門への伝達

ウォーターフォール型監査と比較して，発見された指摘事項に対する対応の早期実現が可能となる。

そして最大のメリットは，スプリント毎に監査結果を報告，つまり監査報告書を提出するため，監査期間中に緊急の監査案件が発生しても，当初予定していたすべてのスプリントを完了させることなく，当該時点でのスプリン

トで監査を終了することができる。アジャイル型監査では，社内外の環境変化に合わせて，リスクや緊急度が高い監査対象領域からスプリントを実施するため，あるスプリントでリスクの高い領域への監査手続が全て終了したと判断した場合，監査を終了させることができる。

4 リスクアプローチとアジャイル型監査

（1）リスク変化への柔軟性

アジャイル型監査であっても，ウォーターフォール型監査と同様に，個別監査計画時のリスクアセスメントに基づいて監査対象領域等を選定し監査を行うというリスクアプローチをとる点で変わりはない。しかし，ウォーターフォール型監査の場合，最初の計画段階から報告までの期間が長いため，監査期間中に監査対象のビジネスプロセスが変化したり，社内外の環境変化によってリスクが変化したりすることがある。その結果，監査報告の内容が実態と合わなくなり，経営者のニーズを満たせない。つまり，経営者へのタイムリーな価値の提供が難しくなることがある。

これに対して，アジャイル型監査では，スプリント毎に監査計画の見直しを行うので，リスクの変化を把握しやすく，リスクの変化に応じて監査計画を柔軟に変更することができる。ウォーターフォール型監査であっても，監査期間中に監査計画を見直すことは可能であるが，監査計画の変更手続に手間がかかるので，アジャイル型監査の方が変化への対応が容易である。

（2）アジャイル型監査によるリスクアプローチ

アジャイル型監査では，リスクアプローチを用いて，監査項目ごとに評価した固有リスクの高い順にテスト（設計と運用の評価）を行っていく。例え

図表4-10　個々のスプリントにおけるリスク評価例

監査項目	固有リスク			優先順位
	影響度	発生可能性	スコア	
A	1	3	3	4
B	3	2	6	2
C	3	3	9	1
D	2	2	4	3
E	2	1	2	5

出所：筆者作成。

ば，**図表4-10**に示したケースの場合，スプリント1では固有リスクスコア（固有リスクの評価結果）が最も高い監査項目Cから監査手続を行い，監査項目Cに対する監査が完了したら，スプリント2として2番目にスコアが高い監査項目Bの監査手続を行っていく。

　ただし，スプリントごとの計画を作成する際，既に評価が完了した監査項目C以外のリスクについては，それまでのスプリントで得た監査対象部門からのフィードバックや，社内外の最新状況を踏まえたリスクアプローチを改めて行う。この時点で監査項目A，監査項目D，監査項目Eが，監査項目Bのリスクスコア（リスク評価結果）を上回れば，その監査項目をそのスプリントで対象とするように計画を変更する。また，新たに監査項目A～監査項目E以外の監査項目でリスクが発生していれば，当該監査項目を優先して監査対象とするように監査計画を変更する。つまり，スプリントごとの計画を作成する際には，常に残りの監査項目の固有リスクを改めて評価し，固有リスクの高い監査項目から監査を実施する。

　優先順位のどこまでの監査項目を監査対象とするかは，ウォーターフォール型の監査同様，監査開始前の個別監査計画作成時点で暫定的に決定する。例えば，当初計画で4つのスプリントを実施する計画であっても，予定よりも早くスプリントを終了できる場合や，監査途中でリスクがさほど高くないと評価した場合には，スプリントの数を減らすことができる。その反対に，

当初想定以上にリスクが高いと評価した場合や，指摘事項や改善提案が多い場合には，スプリントの数を増やすこともできる。

　いずれの場合でも，実施中監査の次のスプリントで実施予定の監査項目と次に予定している監査との兼ね合いで判断する必要がある。次に予定している監査の監査項目の方が実施中監査の次のスプリントの監査項目よりもリスクが高いと評価した場合には，実施中の監査を予定していたスプリントよりも早く打ち切ることになる。逆に，実施中監査の次のスプリントの監査項目の方が次に予定している監査の監査項目よりもリスクが高いと評価する場合には，実施中の監査を延長，つまりスプリント数を増やすこともある。

　このようにスプリント毎に，その時点での最新情報に基づいたリスクアプローチによって，監査計画を柔軟に変更して監査することができる。このようにアジャイル型監査は，リスクの変化に柔軟に対応しやすい監査手法といえる。

（3）アジャイル型監査とウォーターフォール型監査の比較

　リスクアプローチの方法をウォーターフォール型と比較すると**図表4-11**のようになる。前述の個々の監査におけるリスク評価（**図表4-10**）の結果，監査項目A,B,C,Dの4項目を対象とすることを暫定的に決定した場合，上段のウォーターフォール型では4つの監査項目に関して，まず各プロセスの目的を確認し，各プロセスのリスクを洗い出す。次にリスクに対するコントロールを確認し，そのコントロールの設計・運用を確認し，4つの監査項目に関する最終結果を報告するという流れで行う。

　一方，アジャイル型監査の場合，監査開始前の個別監査計画時点で対象とする監査項目を決定する際に，どの監査項目から監査手続を行うのかの優先順位付けを行う。その優先順位はリスクが高い順とすることが原則である。**図表4-10**のリスク評価のケースでは，優先順位は監査項目C→B→D→Aの順となるため，まず，最初のスプリント（2週間）では監査項目Cについてプロセスの目的の確認からリスク・コントロールの洗い出し，そしてコント

図表4-11　アジャイル型監査とウォーターフォール型監査の比較

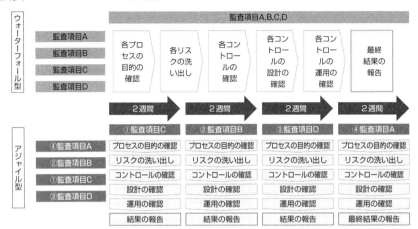

出所：筆者作成。

ロールの設計・運用の評価を実施する。その後のスプリントで監査項目Ｂ→Ｄ→Ａの順で評価し，最終結果の報告を行う。

5　アジャイル型監査事例

　ここではアジャイル型監査の適用事例として，アフラック生命保険株式会社（以下，アフラックという）内部監査部で行っているアジャイル型監査を紹介する。

（1）アジャイル型監査が目指すゴール

　アジャイル型監査は，持株会社であるアフラック・インコーポレーテッドでは2018年に導入されていた。アフラック内部監査部では，2019年6月に金融庁から出されたレポート「金融機関の内部監査の高度化に向けた現状と課

題」の中で最も進んだ監査手法の１つとしてアジャイル型監査が紹介された
ことをきっかけに，2020年からすべての内部監査をアジャイル型監査で実施
している。アジャイル型監査の導入に当たり，まず，アジャイル型監査によ
り目指すゴールを検討し，次の２つのゴールを設定した。

① リスクの高いエリアに対する監査結果をより早く伝達することで，適時
　な改善を促す
② 監査対象部署との継続的なコミュニケーションにより，より深度の深い
　監査を実施する

　アジャイル型監査の導入検討を開始した2019年当時，**図表4-12**に示すよう
に，計画フェーズで約１か月，実施フェーズにおいて監査対象部署へのフィ
ールドワークやインタビュー，テスト（設計・運用評価）の実施に１か月（長
いものだと２か月以上），最後の報告フェーズで約１か月といったウォーター
フォール型監査を行っていた。
　そのため，実施フェーズの初期段階や，または計画段階で見つかっていた
改善事項についても，最後の報告フェーズまで伝達する公式のコミュニケー
ションの場がない，伝達していたとしても口頭による伝達のため，監査対象

図表4-12　ウォーターフォール型監査とアジャイル型監査(アフラック内部監査部の場合)

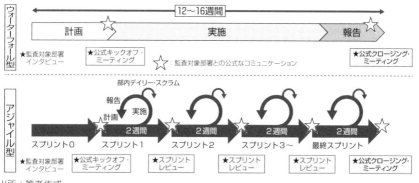

出所：筆者作成。

90

図表4-13　アジャイル型監査マニフェスト（重視すべき価値観）

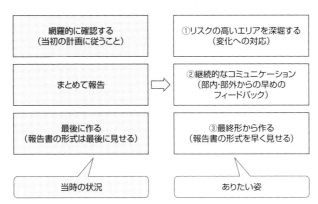

出所：筆者作成。

部署によるタイムリーな改善が図られないことがあった。また，最初のキックオフ・ミーティングにおいて，監査目的や範囲・手続の概要は伝達するものの，最後の報告フェーズにおいて監査結果を伝達した際に，相手の期待とずれてしまうなどの課題があった。

　そこで，アジャイル型監査の導入によって，2週間毎に監査対象部署との公式なコミュニケーション（スプリントレビュー）を行い，監査結果や改善事項を監査対象部署の役員や部長へ伝達することにした。これによって，より深度ある監査を行い，発見された改善事項をタイムリーに改善することを目指した。

　また，「アジャイルソフトウェア開発宣言」にならって，内部監査部が重視すべき価値観をマニフェストとして**図表4-13**のようにまとめた。このマニフェストを用いて，監査対象部署の担当役員や部長等に説明し，アジャイル型監査への理解を得るようにしている。

① 「リスクの高いエリアを深掘りする」

　「アジャイルソフトウェア開発宣言」でいう「計画に従うことよりも変化

への対応を」に該当する宣言である。個別監査を計画する際には，いくつか
のリスク認識に基づき，監査の目的を達成するためのプロダクトバックログ
を作成し，その中でリスクが高いものから順番に監査手続を行う。最初のプ
ロダクトバックログに関する監査手続で改善事項が発見された場合や，追加
で調査すべきことがあった場合，監査計画を変更し，次のスプリントで継続
して当該プロダクトバックログに関する監査手続を実施する。また，当初策
定していたプロダクトバックログよりも優先して確認するリスクが発見され
た場合には，スプリント毎に計画を見直す。

② 「継続的なコミュニケーション」
　「アジャイル型監査により目指すゴール」の②に相当する。ウォーターフ
ォール型監査では，監査対象部署，特に意思決定権限者との公式なコミュニ
ケーションが多くなく，監査開始から終了までに定められたコミュニケーシ
ョンの場がなかったので，最終局面で認識相違が発生する等の手戻りがあっ
た。アジャイル型監査では，少なくとも2週間毎にスプリントレビュー（監
査対象部署の部長との公式なコミュニケーション）を行うことで，監査結果
や改善事項に関する認識相違を減らし，監査の進め方に対する監査対象部署
からの要望にも対応しやすい。
　また，内部監査部においても，監査チームから内部監査の担当役員・部長
への監査進捗や監査結果に関する報告頻度は多くなかったため，監査手続の
手戻りが発生してしまうケースもあった。アジャイル型監査では，少なくと
も2週間のスプリント内で，監査手続の説明（スプリントプランニング）を
行い，当該スプリントで実施した監査手続の結果を報告（部内スプリントレ
ビュー）するため，内部監査の担当役員・部長との認識の相違を減らすこと
ができる。さらに，監査チーム内でも毎日行われるデイリー・スクラムにて
監査手続の進捗・結果が共有され，困りごとについて都度解決しながら監査
を進められるので，手戻りを減らすことができる。

③「最終形から作る」

　これは「アジャイルソフトウェア開発宣言」でいう「包括的なドキュメントよりも動くソフトウェアを」に近いイメージである。「継続的なコミュニケーション」で説明したとおり，2週間毎に監査対象部署とスプリントレビューを行い，監査結果を伝達するが，その際に口頭での報告だけではなく，ステータスレポートを提出する。ステータスレポートは，最終的な報告書の形式で作ることにしている。これによって，監査対象部署とのコミュニケーションミスによる認識の相違が防止でき，最後のレポーティングに係る時間を大幅に削減できる。「最終形から作る」の最大の利点は，スプリント毎に常に最終報告書とほぼ同じ内容でステータスレポートを作成するため，どのスプリントで監査を打ち切ったとしても，即時に監査報告書を提出することが可能になっている。

（2）内部監査体制とアジャイル型監査の体制

　アフラックの内部監査部は，内部監査担当役員（Internal Audit Officer：IAO）および内部監査部長の下に4課体制とし，監査第一課，第二課，第三課は，監査実施を担当し，監査領域毎に分かれている。監査企画課は，監査の企画・管理業務を担当している（2022年8月現在）。

　アジャイル型監査の体制は，**図表4-14**に示すとおりである。

　アジャイル型監査チームの構成は，プロダクトオーナー（PO），スクラムマスター（SM），内部監査人（メンバー）2人の計4人である。メンバーの人数は，監査案件によって，1人または3人以上というケースもある。

　POは，個々の監査の目的・範囲などを計画し，プロダクト，つまり監査を作っていく責任者である。また，監査調書のレビュー者という役割も担っている。POは，主に監査課長が任命されることが多いが，内部監査部長がPOとなるケースや，一般社員のメンバーがPOとなるケースもある。監査課長がPOになるケースでは，時期にもよるが2～3つのアジャイルチーム

図表4-14　アジャイル型監査体制イメージ

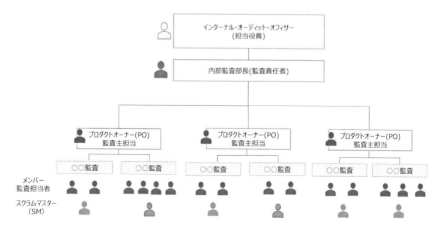

出所：筆者作成。

のPOを兼任することが多い。

　SMは，チームがアジャイルの原則に従って活動できるように支援する役割で，主に監査を行わない監査企画課のメンバーが担当する。SMについても，複数のチームを兼任することがある。

　メンバーについては，原則，1つの仕事に専念するというアジャイルの原則に則って，同一スプリント内では監査チームを兼任しない。メンバーは同一監査課の内部監査人で構成することもあれば，監査内容により異なる監査課の内部監査人で構成することもある。

（3）アジャイル型監査の流れ

　アジャイル型監査は，**図表4-15**に示す流れで行われる。スプリントの期間は，2週間に設定している。スクラムにおいてスプリントの期間は，1週間，2週間，4週間のいずれかといわれているが，アフラック内部監査部では，日米共同で行う監査もあるため，米国のスプリント期間に合わせて2週間と

図表4-15　アジャイル型監査の全体の流れ

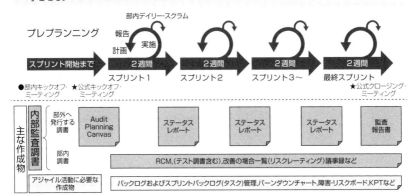

✓スプリントの期間は2週間。スプリントを繰り返しながら，段階的に結果を伝達し，フィードバックを早期に受け取りながら進める。
✓プレプランニングの期間に定めはない。スプリント開始前までに，キックオフ・ミーティングを完了させる。

出所：筆者作成。

した。スプリント数は，監査内容によって変わることもあるが，3スプリント（6週間）または4スプリント（8週間）のケースが標準的である。監査によっては1スプリントということもあり，また逆に5スプリント以上の監査もある。

プレプランニング（従来型監査でいう開始前の事前調査にあたる）については，スプリントには含めておらず，主にPOが中心となってメンバーとともに，スプリント1の開始までに事前調査を行い，「Audit Planning Canvas」（APC）に監査計画の概要を記載する。監査チームは，APCを用いて部内キックオフ・ミーティング，監査対象部門との公式キックオフ・ミーティングを行い，監査計画を確定させる。

スプリント開始後は，それぞれのスプリント（2週間）単位で計画を立て，実施する。スプリントの報告は，監査報告書とほぼ同じ形式のステータスレポートを作成し，スプリント毎に行う。この「計画→実施→報告」というサイクルを繰り返して，最終的に監査報告書が完成する。

（4）スプリント内の流れ

　1つのスプリントは，2週間（10営業日）であり，スプリント内での作業の流れは**図表4-16**に示すとおりである。アフラックでは，水曜日をスプリントの初日とし，翌々週の火曜日までを1スプリントとしている。米国の内部監査部門も同様である。その理由は，月曜日始まりだとスプリントプランニングおよびスプリントレビューといったチーム全員が参加するセレモニーを月曜日と金曜日に行わなければならなくなり，連休がとりづらくなるからである。日本でも，月曜日が祝日になることが多いので，このようなスプリントの区切りだと都合がよい。

　スプリントでの具体的な作業内容は，次のとおりである。

①スプリントプランニング

　スプリントの開始日である水曜日にスプリントプランニングを行う。監査チームで事前に当該スプリントの計画を作り，IAOおよび内部監査部長に説明し，承認を得る。

　POはそのスプリントでアウトプットするプロダクトバックログやその受入基準等を説明し，メンバーはPOから示されたプロダクトバックログを実現するための手続（スプリントバックログ）を説明する。

②デイリー・スクラム

　スプリント期間中は，毎日，デイリー・スクラムを行う。デイリー・スクラムでは15分間で，各メンバーが昨日やったこと，今日やること，今困っていることを報告し合う。デイリー・スクラムの中で進捗に遅れが発生するような障害が見つかった場合には，デイリー・スクラムとは別に必要なメンバーのみでミーティングを行い，その日のうちに改善するようにしている。

図表4-16　スプリント内の流れ

- スプリント初日にスプリントプランニングを行う
- スプリント期間中，毎日，デイリー・スクラムを行う
- スプリント9日目，部内スプリントレビューにて内部監査部内で結果を報告する
- スプリント最終日のスプリントレビューにて監査対象部署へ結果を報告する
  （スプリントレビュー後，確定したステータスレポートを発出）
- スプリント終了後にスプリントレトロスペクティブにて振り返りを行う

出所：筆者作成。

③スプリントレビュー

　スプリント開始した翌々週の月曜日に，当該スプリントでの監査手続の結果を部内スプリントレビューで，IAOおよび内部監査部長に報告する。その翌日の火曜日には，監査対象部署（部長は必須，役員は任意）とスプリントレビューを行い，そのスプリントでの監査結果，もしあれば改善事項，次のスプリントの概要などを伝達し，ディスカッションを行う。

④スプリントレトロスペクティブ

　スプリントの最終日にレトロスペクティブ（活動の振り返りミーティング）を行い，当該スプリントを振り返り，活動の改善事項を話し合い，次のスプリントで改善を実行する。ここでの振り返りを次のスプリントにつなげていくことがアジャイル型監査の重要なポイントであり，このセレモニーが最もアジャイルらしい活動である。

作成物は，アジャイルに関する作成物とアジャイル型監査に関する作成物がある。まず，アジャイルに関する作成物について説明する。

①アジャイルに関する作成物
まずバックログと呼ばれるものが２種類ある。

a）プロダクトバックログ
プロダクトバックログとは，プロダクトに必要なアイテムを時系列または優先順位の順に並べた一覧である。これを作成することで，活動の優先順位／依存関係などを把握できるようになる。当社のアジャイル型監査では，監査目的を達成するために評価したいことを並べた一覧であり，業務プロセス等のあるべき状態をプロダクトバックログとしている。

b）スプリントバックログ
スプリントバックログとは，スプリントの完遂に必要なタスクの一覧であ

図表4-17　プロダクトバックログとスプリントバックログ（イメージ）

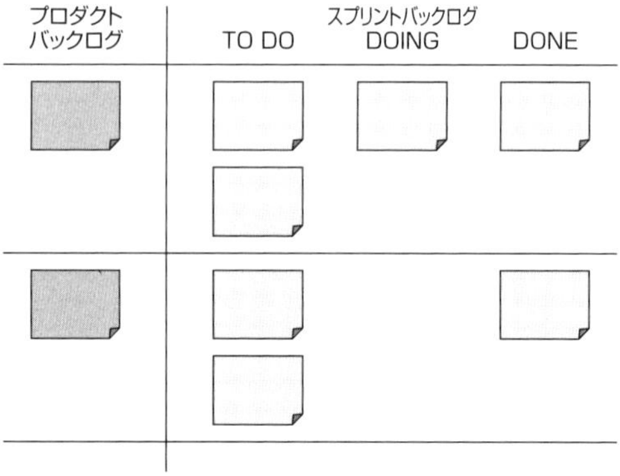

出所：筆者作成。

り，スプリントのゴール達成に向けて必要な作業を明らかにするものである（**図表4-17**）。これによって，スプリント中のタスクを可視化でき，進捗状況を確認できる。

c）障害・リスクボード

　活動中に発生している障害や今後影響を及ぼしそうな事項とその対処状況を一覧にしたものである（**図表4-18**）。障害を可視化することによって，問題の滞留や対応の優先順位を判断できる。

図表4-18　障害・リスクボード（イメージ）

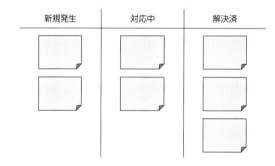

出所：筆者作成。

d）バーンダウンチャート

　スプリントのゴール達成に向けたチームの進捗状況を可視化したものである（**図表4-19**）。縦軸に作業時間やタスク数，横軸にスプリントの日付を記載する。タスクが完了するとタスク数が減っていくので，日数が経つにつれ，右下へと下がっていく。実績線が計画線より上にある場合には計画より遅れが生じていることが一目瞭然であり，デイリー・スクラム等でリカバリー策について話し合いを行う。

図表4-19 バーンダウンチャート（イメージ）

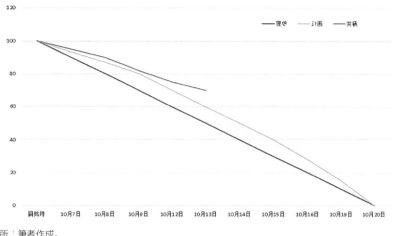

出所：筆者作成。

e）KPT

KPT（Keep Problem Try）自体は，アジャイル特有のツールではないが，アフラックではスプリントレトロスペクティブの時に活動を振り返るツールとして使っている。そのスプリントでの活動で問題となったことをProblemとし，上手くできたことをKeepとして洗い出す（**図表4-20**）。また，次のスプリントで問題を解決するために実践してみることをTryとして設定し，メンバーで合意する。

図表4-20 KPT（イメージ）

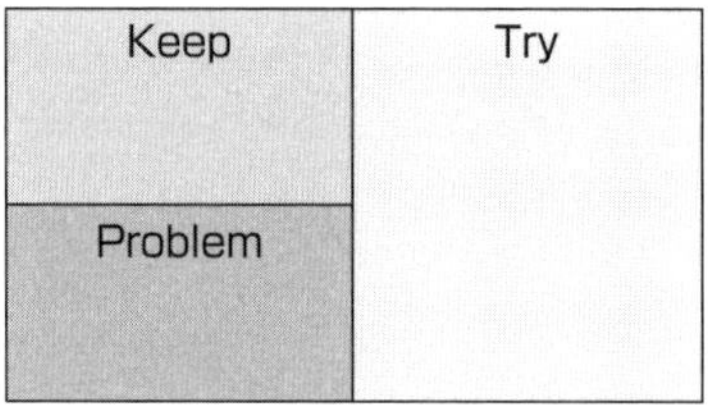

Keep	Try
Problem	

出所：筆者作成。

②アジャイル型監査に関する作成物

アジャイル型監査に関する作成物は，次のとおりである。

a）Audit Planning Canvas

いわゆる個別監査計画書である。従来は，内部監査部内用のAudit Planning Memo（APM）と，監査対象部署向けのProject Charter（PC）の2種類（**図表4-21**）があったが，Audit Planning Canvas（APC）に一本化した。

従来はAPMとして，監査対象に関しての社内外の経緯や背景，過去監査や関連監査の結果，リスク種類ごとの評価，監査の目的や監査手続，監査対象部署，監査スケジュールやリソース等々について，A4サイズで10数枚程度作成していたが，監査対象部署には1枚に要約したPCだけを提示していた。

アジャイルの考え方に基づき，透明性を向上させるため，部内用資料であったAPMを廃止した。新たな個別監査計画書であるAPCはA3版で1枚から1枚半程度とした結果，分量としては大幅に削減された。ただし，これまで監査対象部署には開示していなかった社内外の経緯や内部監査部としての懸念点，監査のクライテリア（規準），監査で確認する項目であるプロダク

図表4-21　個別監査計画書の新旧比較

出所：筆者作成。

トバックログについても記載して見せるようにしたので，監査の目的や方向
性についても監査対象部署の理解を深めることができるようになった。

b）RCM

　アジャイル型を導入する前は，別の形式のRCMとテスト調書を用いてい
たが，アジャイル型監査での手続に合うように，**図表4-22**に示す形式の
RCM（リスク・コントロール・マトリクス）に切り替えた。

　図表4-22について，横の流れから説明する。

① 　プロダクトバックログ
② 　①に対する固有リスクの内容，リスクの影響度・発生可能性等を記載し，
　　リスク評価を行う
③ 　②でリスクが高い内容を特定し，そのリスクに対するコントロールを特
　　定する
④ 　コントロールの設計テスト

図表4-22　Risk Control Matrix（RCM）

①Product Backlog	②Inherent Risk							③Controls					
どのプロダクトバックログから手続きを行うかを決めていく	該当するコンポーネントの固有リスクを洗い出し，リスク量を評価することにより，テスト対象とするリスクを決めていく							テスト対象としたリスクに対するコントロールの概要を記載					

	Inherent Risk							Controls				
Product Backlog	Risk No.	Detail	Impact	Likelihood	Total	Rationale	Fraud Risk	Ctl No	Description	Type	Frequency	Assertion
			1	1	1		YES			Preventi	Annual	Completeness
			1	2	2		NO			Detectiv	semi-annual	Accuracy
			1	3	3		YES			Correctiv	Quarterly	Existence
			2	1	2		YES			Directive	Monthly	Validation

④Test of Control Design		⑤Test of Control Effectiveness					⑥Conclusion			⑦Others		
テスト対象としたコントロールの設計テストを実施		テスト対象としたコントロールの運用テストを実施					結論を記載			エビデンス等のレファレンス，レビュー履歴等を記載		

Test of Control Design		Test of Control Effectiveness									
Design Effectiveness & Implementation	Design Gap	TOC (Operational Effectiveness)	Sample Method	Results	Exception	Conclusion	Status Report	現時点のRisk Rating（2色等の機分一覧で発色レーティング）	W/P Reference	Prepared by（監査人の名前，B付）	Reviewed by（レビュー者の名前，B付）
	YES		Judgemental		YES		Green	Low			
	NO		Random		NO		Yellow	Medium			
	YES		Haphazard		NO			High			
	YES		Interval		YES			N/A			
	NO		Stratified		NO						
	YES		All		YES						

出所：筆者作成。

⑤　コントロールの運用テスト

⑥　コントロールの総合評価

⑦　エビデンス，レビュー記録

　続いて，図表4-22の縦の流れを説明する。基本的にはプロダクトバックログ（監査で確認するプロセス等）単位で固有リスクを洗い出す。つまり行を増やしていく。その次にその固有リスクの評価を行い，テスト対象とするリスクを決定する。

　これを繰り返していくため，スプリントが進むに連れて，行が下に増えていくイメージである。

c）ステータスレポート（監査報告書）

　最後に，2週間毎に行うスプリントレビューで監査対象部門に報告するステータスレポート（**図表4-23**）について説明する。

　図表4-23の上から順に，監査目的や範囲を記載し，次に「総合的なコントロールの評価」を記載する（これは予定のスプリントが全て終わり，報告書作成の際に記載する）。続いて，表形式でスプリント毎に確認する監査対象範囲やそれぞれのプロダクトバックログを記載し，それに対する評価結果をグリーンまたはイエローで表す。プロダクトバックログに対して「改善の機会」（改善提案）があればイエロー，なければグリーンとする。なお「改善の機会」の詳細は2ページ以降に記載し，「改善の機会」がない場合は，原則この1ページだけになる。

　監査報告書も，「総合的なコントロールの評価」を追加し，監査名や宛先を記載した表紙を1枚添付するだけとしたため，報告段階での報告書作成に要する時間を大幅に削減することができた。

　アジャイル型監査に関しては，ベストプラクティスといえるものはまだなく，各社手探りの状況であり，アフラックの事例も未だ向上の余地を十分に残している。しかし，変化が激しいDX時代においては，ビジネスのスピー

図表4-23　ステータスレポート（イメージ）

内部監査部　2020 年 ●月 ●日

監査ステータスレポート／ ● ● ●監査

監査の目的・範囲

・Canvas／Charter から転記

総合的なコントロールの評価[1]：

※1 総合的なコントロールの評価は、限定的なコントロール（Limited Controls），中程度のコントロール（Moderate Controls），有効なコントロール（Strong Controls）の 3 段階

・最終報告書発出時に、全体の結論を記載

スプリント	バックログ No.	プロダクトバックログ	進捗(%)/結果[2]
		スプリント 1	
		スプリント 2	
		スプリント 3	

※2 結果：●改善の機会なし，○改善の機会あり

出所：筆者作成。

ドに応じて対応できるアジャイル型監査がマッチしているという体感もあり，今後の監査手法の主流となるのではないだろうか。

注

1 ）「アジャイルソフトウェア開発宣言」https://agilemanifesto.org/iso/ja/manifesto.html
2 ）「アジャイル宣言の背後にある原則」https://agilemanifesto.org/iso/ja/principles.html
3 ）Schwaber, K. and J. Sutherland（2020）「スクラムガイドースクラム公式ガイド：ゲームのルール」（2020年11月版），https://scrumguides.org/docs/scrumguide/v2020/2020-Scrum-Guide-Japanese.pdf（menlosecurity.com）

参考文献

Wright Jr., R.A.（2019）*Agile Auditing: Transforming the Internal Audit Process*, INTERNAL AUDIT FOUNDATION.
経済産業省（2018）「デジタルトランスフォーメーションを推進するためのガイドライン（DX推進ガイドライン）Ver.1.0」12月12日。

第 5 章

リモート監査

本章のポイント

　働き方改革の一環などとしてテレワークが普及している。出社して仕事をしなければならない業務も少なくないが，テレワークが定着して，事務所に全員が出社すると席が足りないといった企業も少なくない。このようにテレワークが普及すると，監査対象部門を対象にインタビューを行おうとしても，相手がテレワークをしていて出社していないかもしれない。また，監査チームもテレワークで監査業務を行っているかもしれない。

　本章では，リモート監査について，そのメリットとデメリットについて説明した後に，リモート監査の進め方を説明する。また，リモート監査をどのように行っているか事例を交えて解説する。

1 リモート監査とは

（1）リモート監査の定義

　「リモート監査」に関する一般的な定義はないが，本書では，内部監査部門が監査対象部門に対して，現地への往査や対面での会議等を実施することなく，内部監査人の自宅や内部監査部門の執務場所からWeb会議などによって遠隔で監査を実施する監査手法と定義する。

（2）新型コロナウイルス感染症が内部監査に与えた影響

　新型コロナウイルス感染症の拡大により，テレワーク（リモートワーク）が一気に拡大した。エッセンシャルワークと呼ばれている業務のように出社が必須な業務もあるが，これまでテレワークが難しいとされていた企業でも，テレワークをしなければ事業が継続できない状況に追い込まれた。各社では，テレワーク用のIT環境を急遽整備し，これまで難しいと思われていた業務でもテレワークが可能になった。このような急激な業務環境の変化は，内部監査にも大きな影響を及ぼした。

　一般社団法人日本内部監査協会及び日本内部監査研究所「新型コロナウイルス感染症の内部監査への影響に関するアンケート調査結果」（2020年6月）によれば，**図表5-1**に示すように，「いくつかの監査について，実施困難あるいは監査範囲の縮小を迫られている」と回答した企業が約70％であり，新型コロナウイルス感染症に対応できなかった内部監査部門が多数あったことがわかる。

図表5-1　監査計画への影響

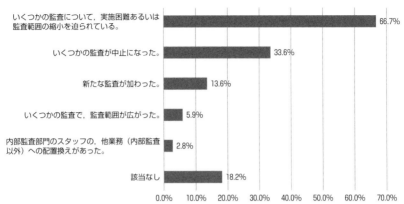

注　：n=390
出所：一般社団法人日本内部監査協会及び日本内部監査研究所（2020）『新型コロナウイルス感染症の内部監査への影響に関するアンケート調査　結果』6月，https://www.iiajapan.com/pdf/iia/info/20200619_iiaj.pdf。

　この原因としては，監査対象部門が新型コロナウイルス感染症対応に追われ，内部監査を受けるだけの余裕がなかった，あるいは業務そのものが中断されてしまい，内部監査ができなかったなど様々である。日本における内部監査は往査を中心としているが，都道府県をまたぐ移動や外出の自粛要請によって，往査が難しくなってしまったことも大きな原因になっている。

　同調査によれば，新型コロナウイルス感染症の拡大以前からリモート監査を実施している内部監査部門は約14％（**図表5-2**）であった。新型コロナウイルス感染症流行下にあっても内部監査を継続できた企業と，中断せざるを得なかった企業との差は，1つには内部監査部門（および監査対象部門）がリモート監査に対応できたかどうかにある。

　このような外部環境の変化があっても，それに即時に対応し，経営者に監査結果を報告することは，内部監査の重要な価値の1つである。もし，リモート監査の態勢が整っていなかったために，内部監査の機会を失ったのであれば，非常に残念なことである。

図表5-2　リモート監査の実施状況

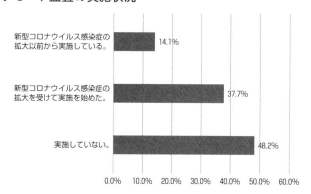

注　：n=390
出所：一般社団法人日本内部監査協会及び日本内部監査研究所（2020）『新型コロナウイルス感染症の
　　　内部監査への影響に関するアンケート調査　結果』6月，https://www.iiajapan.com/pdf/
　　　iia/info/20200619_iiaj.pdf。

　今回の新型コロナウイルス感染症の拡大を契機に，ペーパーレス化やDX
推進に舵を切った企業が元に戻るとは考えられない。テレワークを一度経験
してしまうと，そのメリットを知った社員がテレワークを要求し，要求が受

図表5-3　終息後のリモート監査

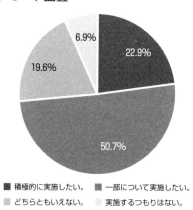

注　：n=306
出所：一般社団法人日本内部監査協会及び日本内部監査研究所（2020）「新型コロナウイルス感染症の
　　　内部監査への影響に関するアンケート調査　結果』6月，https://www.iiajapan.com/pdf/
　　　iia/info/20200619_iiaj.pdf。

け入れられなければ，テレワークを行う他社に転職してしまう可能性もある。高齢化社会や女性活躍社会といった社会変化を考えると，働き方について柔軟性のある企業が求められ，柔軟性のある内部監査部門が人気の高い職場となり，より優秀な人材の獲得につながる可能性がある。

　図表5-3に示すように，今後リモート監査の実施に前向きな内部監査部門は70%を超えており，リモート監査は今後の内部監査には必須のものとなる。

2 DXとリモート監査

　DXの進展もリモート監査を後押ししている。DXは，ビジネスの仕組みやプロセスを根本的に変革して，新たな価値の創造につなげようとする取組みである。つまり，DXは紙の帳票を使用していたものをスキャナーでデジタル化したり，PDFファイルに変換してデジタル化したりするだけではない。例えば，RPA（ロボティクス・プロセス・オートメーション）の推進では，今まで作成していた帳票をそのまま自動化して作成するのではなく，帳票の必要性を再検討したり，業務プロセスを改革したりした後に，必要な帳票作成だけをRPA化する必要がある。また，AIの導入による業務改革も同様に，AIと人間による作業を上手く組み合わせて，顧客サービスの向上を図りつつ業務効率化を推進しなければならない。

　もちろん，デジタル化できる業務とデジタル化できない業務がある。例えば，エッセンシャルワークと呼ばれる業務は残り，対面での業務が完全になくなるわけではない。鉄道，バス，建築業，製造業などについては，自動化できる業務はあるものの，出社しなければできない業務も残る。しかし，生産工程の自動化が進み，遠隔で運用監視を行うような状況になると，工場に往査してもそこに人間はいないという状況になるかもしれない。

　このようにDXが私たちの生活を全く変えてしまう中で，従来どおりの往査を中心とした内部監査では，非効率な内部監査になってしまう。また，

DXによりデジタル技術を活用した監査が可能になり、今まで発見できなかった問題点を発見し、企業活動の改善・改革に貢献するという機会も失ってしまう。

　日本公認会計士協会IT委員会研究報告第56号「リモートワークに伴う業務プロセス・内部統制への対応（提言）」（2021年7月30日）によれば、業務自体をリモートで実施することになった後であっても、内部統制の整備や運用を根本的に変更したと回答した企業はゼロであり、約85％の企業が「全くせず」、「あまりせず」と回答した（**図表5-4**）。しかし、本当に内部統制を変更する必要がなかった企業がどれほどあるかは疑問である。例えば、紙の帳票で稟議書を作成し、押印によって決裁するという業務プロセスを、「あまり変更せず」に済んだと回答した企業では、決裁業務プロセスがどのように変わったのかを、内部監査で確認しなければならない。

図表5-4　リモートワークに伴う内部統制の変更についての意識

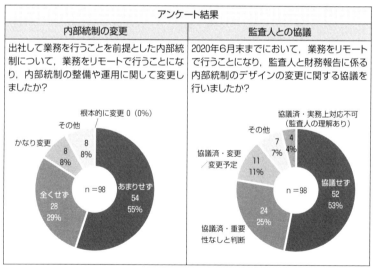

出所：日本公認会計士協会IT委員会（2021）IT委員会研究報告第56号「リモートワークに伴う業務プロセス・内部統制の変化による対応」7月30日。

　内部統制の専門家ではない業務執行部門にとって，承認プロセスを押印から口頭に変更した場合に，業務執行部門は，それが重大な業務プロセスの変更だと認識していない可能性がある。しかし，口頭承認に変更した場合は，承認したことの証跡が残らないため，重要な内部統制の変更になる。出社を制限されていた期間だけ，そのような承認行為を省略しているかもしれないが，それについても重大な業務プロセスの変更だと意識されていないこともある。

　内部監査人は，実際の業務プロセスについて，ウォークスルーし，内部統制の適切性を確認し，重要な内部統制の変更や省略がないことを確認する必要がある。

　内部統制を変更していない場合には，リモートワークをきっかけとしてDXを推進するのではなく，「Back to normal（元の日常に戻る）」を想定して，DXへの対応をしていない可能性がある。新型コロナウイルス感染症拡大以前の業務プロセスから変更していない場合には，DX推進の視点から改善提案を行うとよい。DX推進に際しても，重要なコントロールが欠落しないように，指摘・改善提案を行う。

　なお，三様監査の一環として，外部監査人と協議して，財務諸表に影響を与える新たな内部統制の導入について，あるべき姿を協議することも重要である。

3　リモート監査のメリットとリスク

　第1節で説明したように，リモート監査は，内部監査人にとって必須のスキルである。今後の内部監査を考えると，日頃からリモート監査を実施し，必要に応じて，現地への往査を実施する内部監査のスタイルにしておく必要がある。従来の内部監査のスタイルから脱却し，自社の内部監査部門にイノベーションを起こすよい機会なので，積極的にリモート監査の推進に取り組

むとよい。

　ただし，リモート監査にはメリットがある一方でデメリットもあるため，リモート監査の両面を理解して，監査リスク（監査判断のミスなど）を最小限にするように留意する必要がある。また，リモート監査だけを行うのではなく，監査対象の部門や業務の状況に応じて対面による監査（往査）を実施するリモート監査と対面監査を組み合わせたハイブリッド方式を採用するとよい。

（1）リモート監査のメリット

①監査計画実施の継続

　新型コロナウイルス感染症の流行だけでなく，大規模な地震が発生した場合や，グローバルに展開している企業の場合には，各国の政情不安などによって往査ができないことがある。リモート監査であれば，このように往査ができない状況においても，監査計画の中断や変更を行わずに，内部監査を継続することができる。

②会議への陪席によるオフサイトモニタリングの実効性向上

　テレワークの導入に伴って，会議の多くが対面での会議からWebによる会議へと変化した。Web会議では，対面の会議と異なって，座席数の制限がないので，内部監査部門は，積極的に各種会議へ出席できる。

　Web会議のカメラをオフにすれば，「内部監査人が陪席している」というプレッシャーがかかりにくいので，率直な議論を傍聴することができる。また，移動の時間が不要になるので，国内外を問わず多くの会議に参加することも可能になる。

　会議を傍聴すると，会議資料や議事録の閲覧に比較して，より多くの活きた情報を入手できる。例えば，会議におけるキーマンが誰かを把握したり，議事録には記載されない詳細な会話の内容を把握したりできるので，今まで

議事録など公式情報だけを閲覧することが多かった内部監査部門にとって，貴重な情報源となる。

③監査対象部門とのコミュニケーションの増加

これまで，往査を中心とする監査を実施してきた内部監査部門では，予備調査の時に監査対象部門に対してインタビューや業務プロセスをウォークスルーする機会がなかなかとれず，事前に情報を得にくいという悩みがあった。しかし，リモート監査であれば移動時間や経費がかからず，監査対象部門の受け入れにかかる負荷も少ないため，従来よりも，コミュニケーションをとりやすくなる。

④出張にかかる経費の節減

当然のことであるが，出張にかかる費用の節減が可能になる。多くの内部監査部門において，予算のうち出張費がそのほとんどを占めるのではないだろうか。そのため，この節減金額は非常に大きい。それだけでなく，今まで，最小限の内部監査人で往査をしていた監査対象部門にとっても，監査項目に応じて担当する内部監査人を変更したり，新任内部監査人の教育を実施したりすることも可能になる。

この節減した経費を，専門知識を必要とする領域を監査するための外部委託や協働業務（アウトソーシングやコソーシング）の実施費用にあてたり，データ分析ツールや電子監査調書システムのライセンス費用にあてたりすることによって，内部監査の高度化を促進することができる。

⑤検証時間の確保

従来型の監査手続をとる内部監査部門では，往査時に資料を徴求し，往査期間内でレビューし，結論を出すところもある。その場合，往査期間は，1〜5日程度なので，キックオフ・ミーティングやクロージング・ミーティング，インタビューなどを実施していれば，実際に資料を閲覧する時間は，2

～3日，あるいは数時間ということになる。

　リモート監査環境を整備すれば，事前に監査対象部門に依頼して資料を入手したり，監査対象部門のサーバに保存された資料等を閲覧したりできる。内部監査人は，資料等の検証時間が十分にとれるので，事前に質問事項を整理しWeb会議等で監査対象部門に確認すればよい。

　DXが進展すればするほど，内部監査人が部門サーバや全社データベースから直接データを入手し分析することが可能になる。また，部門サーバやデータベースに対して自由にアクセスできるような権限を内部監査人に付与しておけば，リスクの変化に応じてタイムリーに該当資料を閲覧できる。

⑥働き方改革の推進

　現地に往査するためにかかる移動時間が不要になるので，家庭の事情等で出張が難しい内部監査人，パートタイムで働くことを希望している内部監査人，ITなど専門分野に知見のある内部監査人などを監査チームのメンバーに加えやすい。

（2）リモート監査のリスク

　リモート監査には以上のようなメリットがある一方で，テレワーク特有のリスクがある。内部監査部門が留意しなければならないリスクは，次のとおりである。

①個人のネットワーク／テレワーク環境による効率性

　内部監査部門のある本社などの拠点からリモート監査を実施する場合もあるが，内部監査人の自宅からリモート監査を実施する場合もある。しかし，リモート監査を可能とする環境を整備しても，社員の自宅はもともとテレワークを前提としたものではないので，望ましい環境が構築できない場合も少なくない。

　例えば，ネットワーク環境が不十分なためにWeb会議で行うインタビューやウォークスルーの途中で回線が不安定となり，中断せざるを得ないことがある。また，帳票の照合やExcelファイルなどを検証するためには，自宅に大画面のモニターや複数画面の表示を可能にする環境を用意する必要がある。しかし，このような環境を整備できないため，作業効率が低下したり，眼精疲労や肩こりといった健康上の問題が生じたりすることがある。さらに，介護や育児をしながら働く社員にとっては，デイサービスや託児所を利用することができず，自宅で介護や育児をしながら業務を行うことを余儀なくされるケースもある。

　リモート監査では，ネットワーク環境の制約によって，スマートフォンなどのカメラを利用したウォークスルーや実査（棚卸や情報機器の設置状況の確認など）が十分に行えないというリスクもある。

②テレワーク環境の情報セキュリティ

　内部監査は，機密情報を扱うことの多い業務なので，テレワーク環境での機密保持に懸念がある。テレワークで利用する端末のセキュリティ対策が十分であっても，自宅の窓を開けてWeb会議をすることにより，近隣者や同居家族に会議の内容を聞かれたりするリスクがある。

　また，テレワークにおけるネットワークインフラにも注意が必要である。例えば，個人のPCやスマートフォンから社内ネットワークにアクセスする場合，個人のPCやスマートフォンのセキュリティホールを悪用したサイバー攻撃を受け，そこから社内システムが攻撃を受ける可能性がある。

③情報漏洩リスク

　内部監査人についても，リモート監査によって情報漏洩などのリスクが高まっている。例えば，自宅のPCから情報を印刷したり，PC画面のスクリーンショットをとったりすることが考えられる。PC画面の撮影や録音といったリスクも考えられる。

④Web会議の情報セキュリティ

　テレワーク環境では，電話会議では音声のみであり，Web会議でカメラオフの場合は参加者の顔が見えず，周囲の状況がよくわからないので，第三者が会議に参加したり会議参加者の後ろで傍聴したりしていても気づかないことがある。プロバイダーによっては会議後に送られてくる電話番号の一覧を確認することも可能だが，事後的対策では情報漏洩に対して十分だとはいえない。また，Web会議では，Zoom bombing（ズーム爆弾）と呼ばれる事件が多発したことも課題になった。これは，会議の番号やパスワードが第三者に渡り，会議に不正侵入され，不適切な画像を共有させられるといった愉快犯に近いものや，マルウェアを使ったサイバー攻撃や情報を不正に取得するといったものがある。

　電話会議やWeb会議を主催するプロバイダーが，会議の画像や情報のデータに関する情報セキュリティ方針を策定していなかったり，利用契約などにその旨を含めていなかったりする場合には，プロバイダーからの情報漏洩リスクがある。また，Web会議には，資料を共有できる機能があるが，メール以外のファイル共有のため，不正を予防できない，また不正が行われた時に検知できないというリスクがある。

⑤インタビュー／ウォークスルーの実効性の低下

　前述の②の理由から，社員にスマートフォンやPCなどの情報通信機器を貸与する場合，カメラ機能を使用できないようにしている企業もある。また，ネットワーク環境等の理由によって，Web会議のカメラをオフにして通話のみでのコミュニケーションにしている場合もある。

　監査対象部門の顔が見えない状況でインタビューを行うと，得られる情報量が大きく低下することがある。また，ウォークスルーを行う場合でも，画面共有を使用して説明してもらうことは可能ではあるものの，実際の作業者の動きの全体を見ることができないので得られる情報が限られてしまい，本来発見しなければならない事項を見落としてしまうこともある。

⑥承認証跡の証拠能力の低下

　コントロールの実在性を確認する資料として，通常，承認の証跡を確認する監査手続をとる。従来は，紙の帳票に押印や署名をするのが承認の証跡としては一般的であった。しかし，リモートでの業務プロセスでは，こうした承認証跡の残し方によって証拠能力が低下する可能性がある。

　帳票をデジタル化した場合には，紙の帳票をイメージ化し，その上に承認のコメントを残す，Microsoft Word/Excel等の電子ファイルに承認のコメントを付けるといった対応が行われることがある。しかし，このような証跡は，改ざんが容易にできる点に留意しなければならない。紙の帳票に押印しPDF化した場合であっても，押印箇所の改ざんが可能となることには留意しなければならない。

⑦監査対象部門の負担

　リモート監査では，現場の状況を写真で撮影したり，ビデオ撮影したりする作業を監査対象部門に依頼することになる。また，ウォークスルーでは，必要な紙の書類を事前にPDFファイル化して部門サーバに格納したり，紙の書類をカメラで撮影しながらWeb会議の画面に表示したりする作業を監査対象部門に依頼することになる。ウォークスルーで使用するアプリケーションシステムにログインし，Web会議の画面で共有するといった一連の作業を監査対象部門に依頼することもある。

　監査対象部門にとっては慣れない作業なので，監査対応のための準備時間が負担になる。また，実際の業務プロセスの作業を見せるのとは異なって，ウォークスルーの時間は想定よりもかかるため，監査対象部門の通常業務に影響が出て，内部監査部門へのクレームにつながることもあるため留意しなければならない。

⑧人材育成／異動のリスク

　リモート監査を内部監査人の自宅から行うようにすると，内部監査部門に

異動したばかりの内部監査人や中途採用の内部監査人が，他の内部監査人に質問や相談をしにくい環境になることがある。その場合，内部監査人の育成に時間がかかる，あるいは早期退職のリスクがある。

（3）リモート監査のリスク対策

（2）で説明したリモート監査のリスクについては，そのリスクを「リモート監査をやらない理由」と捉えないように留意されたい。内部監査の進め方に変化を起こすためには，やらない理由をいかに「新しいことを実施するための絶好の機会」に変更するかが大切である。変化の後押しとなるように，リスクに対応するためのヒントを例示する。

①テレワークにおける勤務環境の向上

リモート監査を内部監査人の自宅で行う場合，自宅の環境を整えることが非常に重要である。個人の住環境は，企業としてどうにもならない可能性が高いが，テレワーク勤務手当を支給したり，Wi-Fi接続が可能なネットワーク環境を整えられるように補助を行ったりする。また，人事部門や経理部門などと協議して，Wi-Fiルーターやスマートフォンを貸与して，社員の通信費の負担をなくしたり，大画面のモニターや複数モニターを必要な社員に貸与したりする対策を講じてもよい。

内部監査人の取組み事例を内部監査部門内で共有する取組みは，内部監査にとって有益な方法だといえる。他にも，生産性が向上するテレワーク環境などを例示したり，社員が工夫した事例を募集し表彰したりするなどして，全社で好事例を共有する取組みをしてもよい。

介護や育児によって時間的な制約がある内部監査人に対しては，内部監査部門でフレックス制度を採用するとよい。その上で，中抜けの時間を取得することも許容する。ただし，例えば次のような形で，勤務時間や所在については明確にするとよい。

ａ）予定表の入力ルール徹底と共有：Outlook などのスケジューラーをチームで共有し，勤務開始・終了・中抜けの時間を入力するルールを策定し，徹底させる。

ｂ）勤務開始と終了，ある一定時間以上の中抜けについてはその開始と終了を上司とメンバーに報告する。

ｃ）Microsoft Teams や Skype など，PC の利用状況により自動でステータスが表示されるツールは，常時立ち上げておく。筆者の経験上，こうしたステータスの表示機能は，導入したばかりの時は，監視されているような気がするということであまり好まれなかったが，慣れるとメリットの方が大きい。

②テレワーク環境の情報セキュリティ

テレワーク環境での情報セキュリティについては，様々な対策がある。

まず，企業の情報にどのようにアクセスするかということが課題になる。ファット端末（クライアント側で処理が実行できるように記憶媒体やアプリケーションソフトを実装したコンピュータ。一般的に事業所で利用されている PC をイメージしていただければよい）の自宅への持帰りを許容するか，シンクライアント端末（入出力以外の機能をほとんど持たない端末）を自宅に置くか，それとも個人のコンピュータを使用させるかを決定する。またファット端末から企業の情報にアクセスする，または VDI（仮想デスクトップ）を導入するといった様々なソリューションがある。会社貸与の端末の場合はもちろんのこと，個人の端末を使用させる場合にもセキュリティ対策をどのようにするか十分に検討しなければならない。

内部監査の場合は，機密情報に触れることも多いので，同居家族が背後から PC をのぞき込むことができないように勤務環境を工夫したり，会議中は，同居家族に聞かれないようにしたりするだけでなく，窓を開けないといった細かなルール作りも必要になる。

③情報漏洩リスク

　社内情報を自宅で印刷できないようにする（あるいは禁止する）といった措置が必要である。内部監査人が印刷をしなくて済むように，対面による往査を行う時も内部監査人のPCを持参して，可能な限り印刷しないで作業をするといった監査業務の見直しが必要となる。PCを使用する場合には，社内ネットワークへの接続を容易にするためにWi-Fiルーターを貸与すると安全である。また，空港やホテルなどの無料Wi-Fiを使用しないようルールを定めて，内部監査人に対してこれを徹底する必要がある。費用負担の関係でWi-Fiルーターの貸与が難しい場合には，オフラインですべての作業が行えるようにするとよい。

　なお，個人情報や機密情報が保存されたフォルダーについては，アクセス状況のモニタリングなどのコントロールが必要であるが，これは，内部監査に限らず全社的に必要なコントロールである。

④Web会議の情報セキュリティ

　Web会議のセキュリティに関しては，プロバイダーに依存せざるを得ない部分が多々ある。Web会議時の画面や音声などの情報がどこに保存されるのか，Web会議に関する情報（会議名・主催者・開催時間など）の廃棄に関する方針，情報漏洩が起きた場合の責任の所在などを事前に確認する必要がある。

⑤インタビュー／ウォークスルーの実効性低下

　これについては，次のような対応策がある。

　a）ネットワーク環境などで，監査が中断するリスクに備えて予備日を設ける。

　b）事前に工場や事業所などの図面を入手し，確認する場所に漏れがないようにする（特に倉庫だけでなく，会議室なども撮影してもらうことは，通常の往査と同じような注意事項である）。

c）インタビューの際にカメラをオンにしてもらう。

d）往査を別途実施するといった弱点の物理的な解消方法もあるが，インタビューが本当に必要かという観点からインタビューを極力少なくする。

⑥承認証跡の証拠能力の低下

日本公認会計士協会リモートワーク対応第3号「PDFに変換された証憑の真正性に関する監査上の留意事項」（2021年2月12日）において，PDF化された電子証跡への対応例が示されているので，内部監査でも参考にするとよい。

（1）PDFの原本を確認する。また，前述の「2．PDF変換の起点に着目した監査上の留意事項（3）被監査会社が取引先等外部からPDFを入手しているケース」では，取引先等外部から送付されたメールなどのPDFの送信記録を確認するほか，（2）①〜④の手続を実施して，十分かつ適切な監査証拠を入手できているかどうかを評価することが考えられる。

（2）以下の手続を実施する。

　①入手したPDFについて，その作成に関与する者に対して質問を実施する。

　②他の監査手続で入手した監査証拠と矛盾が生じていないか確かめる。

　③PDFの原本の発行が企業外部の場合，原本の発行者に直接確認を行う。

　④PDFのプロパティ情報から，PDFの作成者，作成日時，更新日時などを確かめる。

このような承認プロセスの重要性については，経営者に説明してDXを推進する上での参考にするとよい。例えば，ワークフローシステムを導入すれば，承認の証拠が適切に保管できる上に，承認以外のプロセスもデジタル化できる。内部監査においても内部監査に特化したシステムやGRC（ガバナンス，リスク，コンプライアンス）を支援するためのシステムがあるので，これらのシステムの導入によって，内部監査プロセスをデジタル化できる。

なお，電子監査調書のシステムおよびGRCシステムについては**第6節**で詳述する。

⑦監査対象部門の負担

リモート監査に限らず，対面での往査であっても，監査対象部門の負担になる。リモート監査といった新しい監査手法の導入に際しては，対面による往査以上に「それは本当にリモート監査で取り上げる必要がある問題点なのか」と自問するとよい。監査対象部門の負荷軽減のためには，事前に定めた時間を延長しない，監査対象部門に対して質問事項や必要資料を事前に伝える，質問事項や必要資料についてその背景や目的などを事前に説明する，といったことを心がけることが大切である。

⑧人材育成／異動

リモート監査だけの問題ではないが，内部監査人が異なる拠点からリモート監査を行うことで，内部監査人と監査対象部門，および内部監査人と内部監査人の間のコミュニケーションが大きく変質してしまう。

リモート監査を行うことで，監査チームのメンバーが働く環境がバラバラになり，内部監査人と内部監査人の間のコミュニケーションの密度が薄くなる。こうした課題に対しては，チャットを活用するとよい。

図表5-5に示した調査[1]は，20代から60代への男女300名へのアンケート結果である。SNSの浸透により，年代を問わず電話をかけること，かけられることにストレスを感じる人が約4割という結果が出ている。内部監査人同士のコミュニケーションだけでなく，監査対象部門とのコミュニケーションにおいても考えさせられる結果となっている。

具体的には，次のような対策を講じるとよい。

a）チャットの活用

Microsoft TeamsやSkype for Business，LINE for Businessなどの社内

SNSツールを使用するようになると，メールではなく，チャットを利用でき
るようになる。チャットでは，メールのように文章を記載するのではなく，
少しラフなコミュニケーションも許容するとよい。例えば，チャットでの相
手の発言に対してリアクション（いいね！　ボタン）を押すことでの反応で
も失礼ではないといった文化を醸成しておく，あるいは，チャットでは，「お
世話になっております」といった前置きをせず，用件だけを送ればよいとル
ール化することもできる。

図表5-5　電話にストレスを感じる人の割合

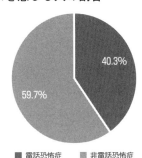

出所：セゾン自動車火災保険株式会社プレスリリース，https://news-ins-saison.dga.jp/topics/
down2.php?id=9000052&attach_id=859&seq=1，2020年5月8日。

b）コミュニケーションの時間を設けること

　1日の中でコミュニケーションの時間を設けてもよい。アジャイル型監査
では，デイリー・スクラムによって毎日必ずコミュニケーションの時間をと
るので，その時に内部監査人の心身の健康状態を確認できる。デイリー・ス
クラムに限らず，内部監査人と監査責任者がコミュニケーションを維持でき
るような機会を確保するとよい。監査チームによっては，毎日30分程度，チ
ームメンバーが監査責任者や管理職に自由に声をかけることができる時間を
設定する。その時間帯は，監査責任者がWeb会議や電話会議を開放しておき，
自由に相談できるようにしておくという取組みをしている企業もある。

c）非公式なコミュニケーションの維持

　内部監査部門の全員がオフィスで業務をしていれば，ベテランの内部監査人に相談したり，雑談したりすることができるが，内部監査人が，自宅でリモート監査を行うようになると，Web会議を設定して雑談することは不自然になる。そこで，内部監査人の士気を維持するために，SNSの中に雑談ができるようなチャネルを設けたり，雑談を含めて自由なコミュニケーションができるWeb会議の時間帯を設定したりするといった取組みが重要である。

　なお，LINEなどの私用ツールを使用する場合があるが，この場合には，プライベートの時間帯でのやり取りがハラスメントにつながるリスクや，やり取りの中に企業の機密情報が含まれるリスクがあるので，私用ツールの使用には十分留意する必要がある。

4　リモート監査事例（ウォーターフォール型監査の場合）

　第2章で述べた従来型監査手法（ウォーターフォール型監査）のプロセスを参照しながら，リモート監査をどのように進めればよいかを例示する。

（1）監査実施通知（キックオフ・ミーティング）

　監査実施通知を送付するとともに，Web会議などでキックオフ・ミーティングを開催する。監査人と監査対象部門のコミュニケーションがより円滑に進むように，Web会議のカメラをオンにして開催するとよい。キックオフ・ミーティングでは，ミーティングのアジェンダを画面共有で提示しながら説明すると監査の目的や手順を理解しやすい。

　例えば，監査実施通知に次のようなことを追記し，監査対象部門の協力を依頼するとリモート監査を進めやすい。

a）内部監査人に部門サーバに収録されたファイルに対するアクセス権を一

時的に付与してもらう。

b）監査チームと監査対象部門とのファイルの共有方法（監査証跡などを監査チームに提供してもらう方法）を決める。

c）監査対象の事業所や工場などの施設を，監査対象部門がスマートフォンなどで撮影し内部監査人に示す（撮影できる範囲を含む）。

d）監査チームが必要と判断した帳票について，監査対象部門がPDFファイル化する。

e）必要な場合には，リモート監査中またはリモート監査後に往査する可能性がある。

　このように，リモート監査と対面による往査との違いについて監査対象部門に理解してもらうと的確な対応をしてもらいやすい。

（2）業務の理解

　リモート監査では，Web会議ツールなどでインタビューを実施する。また，業務プロセスを確認するためのウォークスルーもWeb会議等で実施する。対面による往査でも同様に，事前にどの業務プロセスを確認するか，相手に伝えた上で，当該業務プロセスに係る資料一式を事前に準備してもらう。対面による往査の場合では，実際に業務を行っているところに立ち会う。しかし，リモート監査によるウォークスルーでは実際の業務をリモートで目視するよりも，一連の業務が終わったものについて，業務フローに沿って該当する資料をWeb会議の画面で共有してもらいながら説明してもらうとよい。

（3）不正リスクの検討

　事前にデータ分析ができれば，不正リスクの洗い出しだけではなく，不正リスクの仮説に基づいてデータ抽出が可能かどうかを検討する。例えば，休日や深夜など，通常発生しない時間帯での作業や，大量のデータのダウンロ

ード，メール送信などを事前に調査し，不正リスクの兆候を把握すれば，不正リスクの低減につながる監査が行える。

（4）リスクの評価〜監査計画書の作成

　リモート監査では，監査調書のレビューもリモートで行うので，監査チームのメンバーがRCM（リスク・コントロール・マトリクス）にアクセスし，レビューできるようにする。ファイル共有ソフトを使用したり，監査ソフト（電子監査調書）を使用したりすると効率がよい。また，GRCシステムを使用することもある。GRCシステムを用いれば，電子監査調書の機能も備えながら，業務執行部門とリアルタイムで情報を共有することができる。

（5）実施段階

　リモート監査では，監査手続について「往査しなければできない」ものとそれ以外に区分して監査を実施する。

　往査でなければできない監査手続とは，金庫の管理状況の確認，在庫棚卸，オフィスの施錠状況の確認など，目視でなければ確認しにくいものである。このような監査手続は，監査テーマやリスクの大小によって優先順位を付け，優先順位が低いものは監査手続から除外したり，代替手段（スマートフォンによる映像など）で確認したりする。

　ビデオや写真を監査証拠とするメリットの1つに，実際に往査をしていない監査責任者が往査したのと同じ目線でレビューできることである。担当の内部監査人が見落とした不備を，監査責任者がレビューして発見することもできる。

　対面の往査ができない場合，書類や物品を隠すといった不正リスクに対する感度を働かせることは非常に難しい。内部監査人は，このようなリモート監査の限界を認識した上で，リモート監査を行う必要がある。

　検証結果については，都度インタビューで事実認識に相違がないことを確認する。この時，実際に確認した帳票を提示してもよい。

（6）報告段階

　一通りのテストが終わったところで，クロージング・ミーティング（監査講評会）を開催して監査結果を伝える。リモート監査では，参加者の人数制限がないので監査チーム全員，監査対象部門の担当者，責任者が一堂に会してミーティングを実施できる。監査対象部門の責任者が出席することで，発見事項に対する是正策や，今後の改善対応についての意見交換をタイムリーに行うことができる。また，内部監査のコンサルティング業務の1つである内部統制に関する教育（改善の考え方や内部統制のあり方）を，クロージング・ミーティングで監査対象部門の担当者に対して行うことができる。

　クロージング・ミーティング後も，監査報告書の提出まで，メールやWeb会議で監査対象部門とのやり取りを継続し，最終的に監査報告書を提出する。これまで，監査終了とほぼ同時に監査報告書を提出していたため，マネジメント・レスポンス（監査対象部門からの回答）を受領し難いという企業もあったが，上述の手順で監査を行えば，マネジメント・レスポンスを受領しやすくなる。

5　リモート監査事例（アジャイル型監査の場合）

　アジャイル型監査をリモート監査で実施する際の監査プロセスは，ウォーターフォール型監査をリモート監査で行う場合と大差がない。しかし，アジャイル型監査に特有のタスクのすべてをリモートで実施することになる。例えば，**図表5-6**に示すようにリスクや監査項目など記載した付箋をホワイトボードに貼って，その前で監査チームのメンバーがスプリントプランニング

図表5-6　対面におけるデイリー・スクラムのイメージ

出所：筆者撮影（アフラック社内）

（スプリントの計画）やデイリー・スクラムを行うことができなくなる。そこで，リモート監査の場合には，アジャイル用のソフトウェアを使用して行ったり，表計算ソフト等にタスクを記載してWeb会議の画面で共有したりしながらスプリントプランニングやデイリー・スクラムを実施することになる。

　アジャイル用のソフトウェア[2]では，ホワイトボードにタスクの付箋を貼りながら議論する方法をソフトウェアで実現している（図表5-7）。このソフトウェアでは，「スクラムボード」や「カンバンボード」（トヨタのカンバン方式が由来）と呼ばれるボードが表示され，タスクの担当者や，手つかずのタスク，実施中のタスク，完了タスクが一覧できる。

　また，デイリー・スクラムでは，リモートで会議をしながら，1つひとつのタスクのステータスを内部監査人やPO（プロダクトオーナー）が変更することによって，対面と同じような感覚をリモートで実現できる。

　アジャイル型監査では，監査対象部門とデイリー・スクラムを行うスタイルもあるが，リモート監査でアジャイル型監査を行えば，監査対象部門に対してデイリー・スクラムへの参加依頼することも容易になる（企業全体の業務の進め方をアジャイル化すると，内部監査以外のデイリー・スクラムの時間と重なってしまい，参加が難しいこともある）。

　監査対象部門にスクラムボードを見てもらいながら，内部監査の取組み状況を説明すれば，さらに監査すべきポイントや，テストの順番について，監

図表5-7　アジャイル用ソフトウェアの例

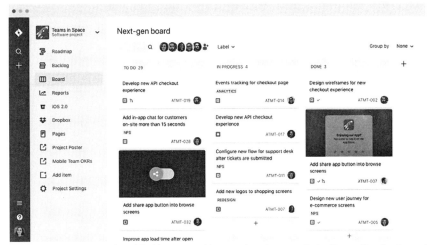

出所：Jira Softwareのウェブサイト，https://www.atlassian.com/ja/software/jira/features/
scrum-board。

査対象部門や関連部門の意見を得ることができる。その結果，有効な監査手
続を検討でき，監査結果に関する監査対象部門の納得感を早く得やすいとい
った効果もある。

　なお，参考までにアジャイル型監査をリモート監査で行う内部監査人の仕
事の進め方を**図表5-8**に示したので，実務での参考にされたい。

　今後は，対面と同じことをリモートでどれだけ実現できるかを考えるだけ
ではなく，内部監査の進め方のイノベーションも検討するとよい。これまで
抜打ち型の往査が中心であった内部監査部門では，リモート監査では効果が
得られないと考えるかもしれない。しかし，見方を変えれば，数年に一度，
抜打ち監査を実施するよりも，入退館ログやシステムへのアクセスログを1
年分データ分析する方が有益な監査を実施できるかもしれない。このような
内部監査環境の変化を好機と捉えて，どのようなイノベーションが起こせる
のか，試行錯誤して改革することが，内部監査の高度化につながるのではな
いだろうか。

図表5-8　テレワークでアジャイル型監査を実施する内部監査人の1日

	業務内容	会議参加者
8:00	フレックス在宅勤務開始	
9:00	デイリースクラム	PO, SM, 監査メンバー
	二次会	PO, 監査メンバー
10:00	スプリントプランニング	PO, SM, 監査メンバー
11:00		
		CAEによるレビュー
12:00	昼食	
13:00	バーチャル往査による ウォークスルー	大阪事務センター課長 監査メンバー
14:00		
	調書まとめ	
15:00	子どものお迎え	
16:00	RCM作成	
17:00		
	POによるレビュー	PO
18:00	勤務終了	

出所：筆者作成

6　電子監査調書システムとGRCシステム

　リモート監査やDXが進んだ企業では，電子監査調書システムの利用も検討するとよい。代表的なツールとしては，TeamMate（Wolters Kluwer），AutoAudit（Refinitiv），HighBond（Protiviti）といったものが挙げられる。

図表5-9　電子監査調書の主な機能

報告業務	・進捗管理（個々の監査／年間監査） ・フォーマットの標準化 ・各種レポートの出力
監査の実施	・RCMなどの調書の一元管理 ・報告書上の発見事項から証跡までの紐づけ ・監査対象部門へのフォローアップ（自動連絡） ・承認記録
品質評価	・リモートによるリアルタイムな品質評価

出所：筆者作成

　監査ツールによって多少の差異はあるものの，**図表5-9**のような機能が搭載されている。多くの内部監査部門を各国に抱えているグローバル企業や，国内においてもグループ企業が多く，グループ企業各社に内部監査部門が設置されている場合には，RCM（リスク・コントロール・マトリクス）などの一元化によって，グループ横断的に親会社の内部監査部門が作成したRCMを参考にしつつ，各社の規模と特性に応じたリスクとコントロールを選択して監査することができる。

　監査ツールを利用することによって，監査報告書と発見事項の紐付けを効率的に行うことができるので，相当な時間短縮につながる。ツールがなく，単に紙帳票をデジタル化しただけの場合，特に紙帳票をPDF化したファイルや異なるファイル形式が混在した監査証跡を相互参照し，監査調書を作成するには，かなり時間がかかる。

監査報告書のレビューアーも，複数ファイルを開きながらレビューしなければならないので，作業が煩雑になり，レビュー時間もかかる。しかし，電子監査調書システムには，監査報告書のある箇所をクリックすると，関連する箇所や監査証跡を自動的に参照できる機能があるので，レビュー時間を短縮させるとともに監査報告書の品質向上にも役立つ。

　紙の帳票が中心のビジネスプロセスの場合，当該帳票をPDFファイルとして電子監査調書システムに取り込む作業にかなり時間がかかり，監査ツールのメリットをあまり感じにくい。しかし，DXが進み電子データが中心になると，電子監査調書システム利用によるメリットが大きくなる。

　電子監査調書システムの導入にはコストがかかり，コストセンターである内部監査部門への投資は，必ずしも十分ではない。また，**第1章**で述べたように日本の内部監査部門の要員数は決して多くないので，このような電子監査調書システムを導入できる企業，またそのメリットを享受できる企業は限られている。

　そこで，内部監査部門向けの電子監査調書システムを導入するよりも，全社で利用可能なGRCシステムと呼ばれるシステムを導入するとよい（**第8章**参照）。GRCシステムは，内部監査に特化したシステムではないため，社内の複数部門で利用できるため，メリットも大きい。

注

1）セゾン自動車火災保険株式会社プレスリリース，https://news-ins-saison.dga.jp/topics/down2.php?id=9000052&attach_id=859&seq=1，2020年5月8日。

2）Jira Softwareウェブサイト，https://www.atlassian.com/ja/software/jira/features/scrum-board。

参考文献

一般社団法人日本内部監査協会及び日本内部監査研究所（2020）「新型コロナウイルス感染症の内部監査への影響に関するアンケート調査結果」』6月, https://www.iiajapan.com/pdf/iia/info/20200619_iiaj.pdf。

日本公認会計士協会IT委員会（2021）IT委員会研究報告第56号「リモートワークに伴う業務プロセス・内部統制の変化による対応」7月30日。

日本公認会計士協会（2021）リモートワーク対応第3号　PDFに変換された証憑の真正性に関する監査上の留意事項」2月12日。

COLUMN 2

カメラオフの功罪

　『ジーニアス英和大辞典』によれば，監査（audit）は，ラテン語の auditus（（証言を）聞いている）が語源であり，audience（聴衆）や auditorium（講堂，聴衆席）などが類義語である。つまり，内部監査人は，「聞くこと」が仕事であることがわかる。

　内部監査で監査対象部門の方々の話を「聞く」ということは，従来対面で行ってきたので，相手の顔を見ながら話を聞くことを意味していた。筆者もインタビューの時には，相手の顔を見ながら，話の信憑性を評価していたことを思い出す。また，話をしている人だけではなく，その周囲の人の様子を見て，不自然な点がないかどうかを観察していた。

　リモート監査では，通信負荷を減らすために，カメラオフにしてもらいたいといわれることがあるが，できるだけカメラオンにしてリモート監査をするとよい。その際には，参加者の顔を見ながら，問題がないかどうかを把握するように心掛けるとよい。

　もちろん，リモート監査には移動時間がないなどのメリットもあるので，それを上手く活かしながら，内部監査人の働き方改革を目指してリモート監査に慣れるようにするとよい。

第 6 章

DXと内部監査技法の変化

本章のポイント

　DXは，内部監査にどのような影響を及ぼすのだろうか。DXによって監査対象業務が大きく変化するため，リスクがどのように変化したのか，あるべきコントロールは何かを理解した上で，監査手続を工夫したり，監査の着眼点を変えたりしなければならない。また，DXのためのシステム開発・運用・保守といったデジタル調達の増加により，その監査を実施することも必要になる。

　一方，DXの波は，監査実施側にも大きな変革をもたらすことになる。デジタル技術を利用して監査を効率的に実施するだけではなく，今まで難しかった全数調査やリアルタイムの監査を実施することが可能になる。また，DXでは，目的志向や未来志向の内部監査を行うことが有益である。

　本章では，DXが内部監査に及ぼす影響について解説する。

1 DXによる内部監査への影響

（1）DXとは

　近年，DX（デジタルトランスフォーメーション）が注目を集めており，企業ではデジタル化の推進に注力している。DXについては，その定義が必ずしもはっきりしているわけではないが，経済産業省は，DXについて，次のように説明している[1]。

「文書や手続きを単に電子化するだけではなく，ITを徹底的に活用することで，手続きを簡単・便利にし蓄積されたデータを政策立案に役立て，国民と行政，双方の生産性を抜本的に向上することを目指します。」（下線は筆者。）

　この定義は，国民および行政を中心にしたものといえるが，これを企業に置き換えると，デジタル技術を徹底的に活用して，生産性を抜本的に変えることを目指すことになる。しかし，企業の場合には，これに加えて，新たな価値を創造すること，つまり，新しいビジネスの創出を目指すことが必要になる。

（2）DXの影響

　DXは，内部監査にも大きな影響を及ぼしている（**図表6-1**）。この影響は，監査対象領域に対するものと，監査手法・技法に対するものに整理できる。

　DXによって監査対象業務が大きく変化するとともに，監査対象部門の役割も大きく変化する。監査対象となる業務プロセスが変革すれば，当然のことながら新たなリスクが生まれたり，今まで存在したリスクがなくなったり小さくなる。リスクの変化は，それを低減するためのコントロール（対策）にも大きな影響を及ぼすことになる。

　一方，監査自体のDXが進展することによって，従来の監査手法・技法からデジタル技術やデータを活用した監査手法・技法へと大きく変革することが予想される。さらに，監査対象領域のリスクの変化によって，コントロールが変化し，コントロールの有効性を点検・評価する監査手法・技法も変化せざるを得なくなる。

　なお，具体的にどのような変化が生じるかについては，次節以降で詳しく説明する。

図表6-1　DXが監査に及ぼす影響

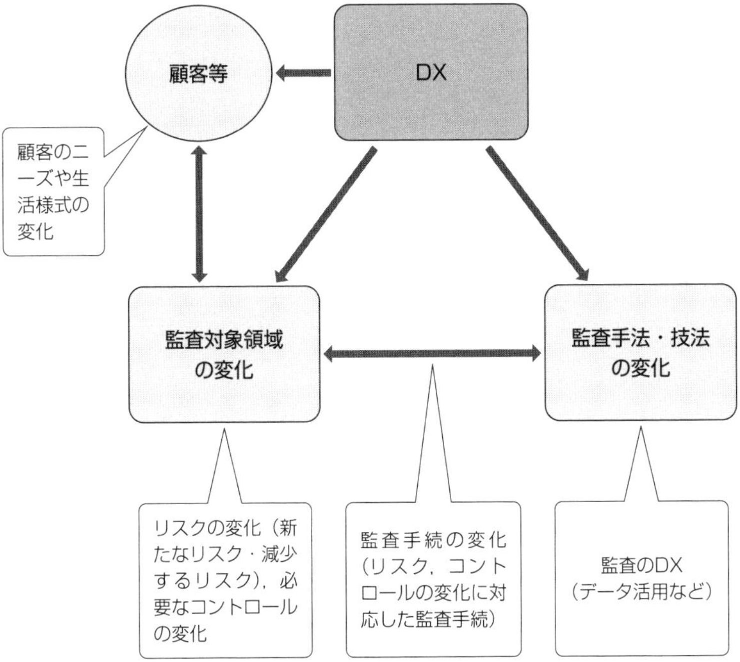

顧客等

DX

顧客のニーズや生活様式の変化

監査対象領域の変化

監査手法・技法の変化

リスクの変化（新たなリスク・減少するリスク），必要なコントロールの変化

監査手続の変化（リスク，コントロールの変化に対応した監査手続）

監査のDX（データ活用など）

出所：筆者作成

2 監査対象領域におけるDXの進展

（1）監査対象領域のリスクの変化

　DXの進展によって，業務プロセスが大きく変化し，それに伴って，経営管理や業務管理の方法も大きく変化する。新しいデジタル技術の導入によって，業務プロセスにおいて様々なリスクが出現することになる。内部監査人には，リスクの変化を的確に識別できる能力が求められる。

　例えば，テレワークの普及によって，原則，自宅で業務を行うことにして，事務所へは，必要な時にだけ出社するようにした企業がある。その結果，テレワークにかかわる情報セキュリティリスクが増大する一方で，通勤費の不正リスクは小さくなる。内部監査人は，通勤費不正の点検・評価に監査資源を投入するよりは，テレワークにかかわる情報セキュリティ対策の点検・評価に監査資源をシフトすることが求められる。

　製造業では，IoTやロボットの導入によって，IoTやロボットの設置・運用・保守が適切に行われないリスクが高まるので，設置の適切性や運用・保守の適切性を監査することが重要になる。一方，省力化が進むことによって，労務管理の監査にかける時間を削減することができる。また，人間中心の作業からロボット中心の作業へと変化することによって，作業員の安全対策の監査を削減できる。

　このような作業プロセスや業務プロセスの変化によって，監査の重点領域が変化することになる。

（2）デジタル技術導入におけるリスク

　新技術の導入にかかわるリスクは，新技術によってどのようなリスクが生じるのかを部分的に洗い出すのではなく，全体像を考えて洗い出さなければ

ならない。例えば，AI, IoT などの導入は，**図表6-2**に示すように，顧客・取引先に対する影響，戦略・計画の実現に果たす役割，費用対効果，法令・条例・ガイドラインの遵守にかかわるリスクを洗い出すとよい。

①顧客・取引先に対する影響

　例えば，AIを用いた融資の審査において誤った判断が行われると顧客に対して迷惑をかけるリスクが発生する。このリスクに対しては，人間によるチェックというコントロールを講じる必要がある。また，顧客の行動を分析することによって，お勧めの商品を提案してもそれが100パーセント顧客のニーズに合うとは限らない。このようなリスクを認識した上で，コントロールを講じることが必要になる。

②戦略・計画の実現に果たす役割

　経営戦略や経営計画は，DXを踏まえて策定されることが少なくない。そこで，DXの推進は，経営戦略や経営計画の実現に際して不可欠となっている。監査に当たっては，DXが推進できないことをリスクと捉えて，そのリスクを低減するためのコントロールが講じられているかどうかを監査する必要がある。

③費用対効果

　DXの推進に際しては，設備投資や運用・保守などの経費が必要になる。内部監査人は，DXによって期待できる効果と，それに要するコストを比較して，DX計画を策定しているかどうかを監査する必要がある。なお，内部監査では，投資判断の妥当性について監査するのではなく，投資対効果の判断を行うための情報（定量効果・定性効果，開発費，運用費用，リスクなど）が適切に経営者に伝達されているかどうかを監査する。DXの場合には，リスク情報（DXの推進によって新たに発生するリスクや変化するリスクなど）が経営者に適切に伝達されているかどうかを監査することが重要である。

図表6-2　デジタル技術の導入が及ぼす影響

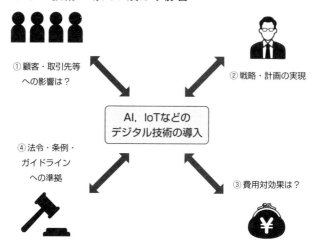

出所：筆者作成。

④法令・条例・ガイドラインの遵守

　DXの推進に際しては，法令・条例・ガイドラインなどに抵触していない
かどうかをチェックするコントロールがあり，それが有効に機能しているか
どうかについても監査する必要がある。例えば，AIに関する原則やガイド
ライン，知的財産権に関する法令，個人情報保護法，電子帳簿保存法などが
考えられる。

（3）リスクセンスの重要性

　リスクの洗い出しに当たっては，内部監査人のリスクセンス（リスクにつ
いての感覚）が重要になる。例えば，内部監査人には，AIを導入するとど
のようなリスクが生じるのかを識別する能力がなければならない。具体的に
は，次のようなリスクを識別する能力が必要になる。

・新技術（AI，ビッグデータ，IoT，RPAなど様々なデジタル技術）の導

入によって新たに生まれる，または変化した業務プロセスのリスク
・新技術自体のリスク（既存技術にはないリスク）

　内部監査人は，デジタル技術の動向に日頃から注意することが重要である。特に新しいデジタル技術の導入に関する失敗事例や事故事例について情報収集する必要がある。

（4）デジタル調達のリスク

　内部監査人は，DXの進展に伴って，デジタル調達（IT調達）が増大することに気づかなければならない。AI，IoTなどの新技術を用いた情報システムの企画・開発・運用・保守業務の調達（外部委託）が従来より増大する。そこで，内部監査人は，デジタル調達を監査対象領域に加えることを忘れてはならない（**図表6-3**）。

　購買業務の監査は，DX前であってもシステム開発やシステム運用などに関する調達の適切性を監査するために，システム開発・運用に関する知見が必要であった。システム開発・運用に関する調達が適切に行われているかどうかを判断するためには，システム開発・運用に関する知見がなければ判断できないからである。つまり，システムに関する知識が，内部監査人にとって必須だということである。

　ところで，システム監査に関する知識については，経済産業省「システム監査技術者試験（レベル4）シラバス」が参考になる。シラバスは，項目（大項目・小項目）毎に要求される知識と技能を示したものである[2]。主な項目は，**図表6-4**のとおりである。同シラバスでは，各項目について，要求される知識および技能が示されている。

　なお，シラバスでは，情報システムの知識として，「アプリケーションシステム，ソフトウェアパッケージ，クラウドサービス，モバイルコンピューティング，SNS，IoT，ビッグデータ，AI，RPAなどが示されている。

図表6-3 デジタル調達の重要性

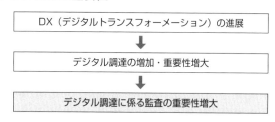

出所：筆者作成

図表6-4 システム監査技術者試験シラバス

項目	内容
システム監査の計画	中期計画書の作成，年度計画書の作成，個別計画書の作成
システム監査の実施	実施準備，予備調査，監査手続書の作成，本調査，実施結果の記録（監査調書の作成），監査意見の明確化（監査判断の形成），評価・結論の総合検討，監査報告書案の作成
システム監査の報告	指摘事項の記載，改善提案の記載，補足事項の記載，監査報告書の提出，監査報告会の開催，フォローアップの実施，年度監査報告書の作成
システム監査業務の管理	進捗管理，品質管理，監査業務の改善，監査体制の整備

出所：独立行政法人情報処理推進機構ウェブサイト，https://www.jitec.ipa.go.jp/1_13download/ syllabus_au_ver5_0.pdf。

3 内部監査業務のDX

DXは，監査業務にも大きな影響を及ぼしている（**図表6-5**）。この影響は，デジタル化とトランスフォーメーション（変化・変容）の視点から整理するとわかりやすい。**第3章第3節（2）**でも触れたが，DXはデジタル化を内包する変化である。

図表6-5　DX が監査手法・技法に及ぼす影響

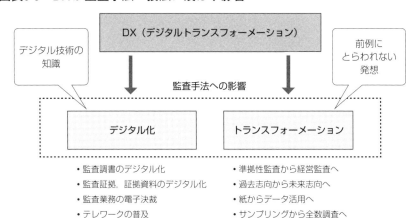

出所：筆者作成

（1）デジタル化の影響

　監査では，監査手続書に従って，証拠資料や監査証拠を収集し，その内容をレビューすることになる。レビュー結果は，監査調書として記録されることになる。監査調書は，ワープロソフトや表計算ソフトで作成されることが多く，規模の大きな監査部門では，監査ソフトを導入しているケースもある。

　さらに，証拠資料も電子データとしてサーバに保存されたり，クラウドサービス上に保存されたりしている。特に，テレワークが普及したことによって，社外からサーバにアクセスして，様々な資料を見ることができるようになっており，内部監査人も紙の資料ではなく，電子データを読むことが増えている。その結果，以前のように紙質をチェックしたり，筆跡をチェックして問題点を発見したりするといった監査手続を行うことが難しくなっている。

　電子決裁（ワークフロー）が普及したことによって，監査報告書の発行承認を電子決裁で行うこともあり，監査ソフトの承認機能を利用するケースも

ある。承認記録（ログ）が残ることによって，監査プロセスの透明性が高まることになる。また，監査業務自体のテレワークも進展しており，リモート監査を行っている内部監査部門も少なくない。

このように，内部監査のデジタル化が進展すると，内部監査人は，デジタル技術に関する知見やスキルが必要になる。

（2）トランスフォーメーション

デジタル化の進展によって，内部監査自体の変革を進める必要があるが，変革を進めるに際しては，従来型の監査手法・技法からの脱却が不可欠である。具体的には，次のような変化が求められる。

①過去志向から未来志向へ

内部監査では，現在あるいは過去の状況を点検・評価し，問題点を指摘し，改善提案を行うことが少なくない。しかし，このような対応だけでは，将来を見据えた指摘や改善提案を行うことは難しい。そこで，内部監査人は，あるべき姿を考えて，それと現状を照らし合わせて，どのようなリスクが新たに生じるのか，そのリスクを低減するためのコントロールとして何が必要かを判断し，指摘・改善提案する能力が求められる。

未来志向の内部監査を実施することによって，監査対象部門ではリスクを早めに識別し，そのリスクが現実のものになる前に対策を講じる。その結果，企業活動の安定性確保に貢献する内部監査を実践することができる。つまり，過去志向の監査から，未来志向の内部監査へと転換を図ることが，内部監査の付加価値を高める上で重要である。

②紙からデータ活用へ

監査対象領域のDXによって，データ中心の企業に転換しつつある。データサイエンティストやAI技術者のニーズが高まっていることを見ればよく

わかることである。それに対応して，内部監査でのデータ活用推進する必要がある。紙の帳票をチェックして問題点を指摘する能力ではなく，データ分析によって疑義のあるデータを抽出して，その裏付け資料（電子データ）を調査し，関係者にインタビューする能力が必要になる（**図表6-6**）。

図表6-6　データ分析型の監査アプローチ

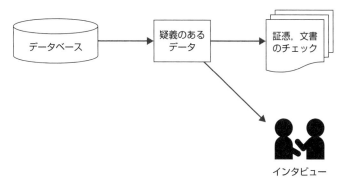

出所：筆者作成

③サンプリング調査から全数調査へ

　監査というとサンプリングをイメージする内部監査人が少なくない。内部統制報告・監査制度における内部統制の有効性評価では，コントロールの運用状況をサンプリングによって評価するからである。しかし，内部監査でデータ分析が行われるようになると，サンプリングではなく全数調査が可能になる（**図表6-7**）。全数調査によって監査のカバレッジ（監査の範囲）が広がるので内部監査の品質を向上させることができる。

図表6-7　サンプリング調査と全数調査

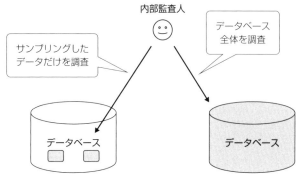

出所：筆者作成

注

1）経済産業省ウェブサイト，https://www.meti.go.jp/policy/digital_transformation/index. html

2）詳しくは，独立行政法人情報処理推進機構のウェブサイト（https://www.jitec.ipa.go. jp/1_13download/syllabus_au_ver5_0.pdf）を参照されたい。

参考文献

独立行政法人情報処理推進機構（2019）「システム監査技術者試験（レベル4）シラバス」。

第 7 章

CAATs
（コンピュータ支援監査技法）

本章のポイント

　デジタル化の進展に伴って，データに対する関心が高まっており，様々な領域でデータ活用が進みつつある。このような状況は，監査対象部門だけではなく，監査の実施主体である内部監査部門と内部監査の進め方にも大きな変化を求めている。しかし，監査業務におけるデータ活用は，以前からCAATsとして取り上げられていたが，必ずしも普及していないのが現状である。

　本章では，CAATsに対する概念を整理した後に，内部監査業務でどのようにCAATsを進めればよいのか，具体的なチェックポイントを例示して解説する。内部監査でデータ分析を行う場合には，会計データだけではなく，様々なデータを利用する点に特長があることを理解していただきたい。

1 CAATsとは

　CAATsは，Computer Assisted Audit Techniquesの略で，コンピュータ支援監査技法またはコンピュータ利用監査技法と呼ばれている。簡潔にいえばITを用いた監査手法であり，IT化の進展とともにその利用が拡大してきた。近年，AIやデータサイエンスに対する関心の高まりと相まって，CAATsに対する関心が高まっている。

　CAATsツールは，**図表7-1**のように整理できる。監査対象データの抽出や分析を行うシステムの他に，電子監査調書システムと呼ばれる監査手続書と監査調書等の機能を持つシステム，内部統制の有効性評価に係るシステムなどがある。これらのシステムは，汎用監査ソフト（市販のソフトウェア）がベンダーから提供されているが，独自のシステムを開発している場合もある。

　なお，広い意味でのCAATsには，表計算ソフトウェアやワープロソフトも含まれるので，内部監査部門では，何らかのCAATsを利用しているといえる。

図表7-1　CAATsの分類

出所：筆者作成

2 CAATsの利用状況

　一般社団法人日本内部監査協会『2017年監査白書』によれば，監査支援ソフトウェアを使用している企業は，12.9%である（**図表7-2**）。また，同協会の過去の監査白書を見ると，2007年7.9%，2010年9.5%，2014年12.2%と推移しており，CAATsの導入企業が増加していることがわかる。しかし，CAATsの使用状況は，まだ，全体の1割強にとどまっているので，広く利用されているとはいえない。ただし，表計算ソフトウェアなどをCAATsに含めれば，大半の内部監査部門で利用していると推測できる。

図表7-2　監査支援ソフトウェアの使用の有無

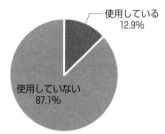

出所：一般社団法人日本内部監査協会『2017年監査白書』を基に筆者作成。

　ところで，CAATsはどのような目的で利用されているのだろうか。一般社団法人日本内部監査協会『2017年監査白書』によれば，監査支援ソフトウェアの用途は，**図表7-3**に示すように，データ解析ツールとして利用しているケースと，監査手続全般の支援ツールとして利用しているケースが多いことがわかる。
　CAATsを利用すれば，一定の条件を設定することによって，データを抽出することができる。例えば，年度末の3月下旬に納品されたデータを抽出して，納品日（つまり会計計上日）の適切性について，根拠証憑をレビューして確認することができる。従来は，3月分の仕訳帳などから内部監査人が

会計情報システムの検索機能やダウンロード機能を利用して該当データを抽出する必要があったが，それを効率的に行うことができる。特に一度条件を設定したものをテンプレートとしてCAATsに登録しておけば，次回からそれを利用して簡単にデータ抽出することができるので便利である。

図表7-3　監査支援ソフトウェアの用途

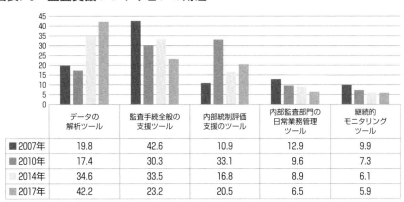

	データの 解析ツール	監査手続全般の 支援ツール	内部統制評価 支援のツール	内部監査部門の 日常業務管理 ツール	継続的 モニタリング ツール
■2007年	19.8	42.6	10.9	12.9	9.9
■2010年	17.4	30.3	33.1	9.6	7.3
2014年	34.6	33.5	16.8	8.9	6.1
■2017年	42.2	23.2	20.5	6.5	5.9

■2007年　　■2010年　　2014年　　■2017年

出所：一般社団法人日本内部監査協会（2019）『2017年監査白書』を基に筆者作成

3　CAATsによるデータ分析

　CAATsの利用事例については，売掛金，買掛金，固定資産の分析といった会計データの分析に関するものが多いのが現状である。例えば，振替訂正データを抽出して，振替訂正の発生が多い部署や担当者，あるいは業務プロセスを発見し，その原因を究明することによって，振替訂正件数を低減することが可能になる。また，担当者と決裁者が同一の取引がないか，勘定科目と計上部署の関係に問題がないか（例えば，製造部門で販売費が発生するなど）などを分析することができる。特定の取引先に取引が集中していないか

どうかを分析し，その理由が妥当かどうかを確かめることにも利用できる。

　ところで，顧客管理システムを不正利用して，個人情報を第三者に提供したり，個人情報の内容を第三者に漏洩したりする事件が発生している。内部監査では，このような情報システムの不正利用が行われていないかどうかをチェックすることがある。内部監査では，会計上の誤りや不適切な会計処理だけではなく，情報の不適切な利用が行われていないかどうかをチェックする必要があるからである。この点が，公認会計士のCAATs利用法と異なる。具体的には，顧客情報システムのアクセスログを分析して，不正利用の兆候を把握したり，システムの利用状況を把握したりすることにも使われている。

　CAATsを利用してデータ分析を行う場合には，例えば，**図表7-4**に示すような着眼点がある。内部監査でCAATsを利用する際には，会計データ（財務情報）に限定しないように留意するとよい。また，正確性・信頼性の視点からだけで分析するのではなく，効率性や有効活用を含めて幅広い視点から分析するように心がけるとよい。

図表7-4　データ分析の着眼点（例）

分類	着眼点
会計データ	・仕訳データ（購買データ）を分析して，修繕費（例えば，100万円を超えるような案件）について，金額の高いものを抽出して，資本的支出に該当するものがないか確かめる。 ・固定資産データを分析して，償却済の資産や取得してから長期間経っているものを抽出して，その使用状況を確かめる。 ・棚卸資産や仕掛品などがある場合には，その推移を分析し，増加傾向にないかどうかをチェックする。
購買データ	・購買データを分析して，特定の取引先への偏りを発見したり，イレギュラーな取引先や取引件名がないかどうかチェックしたりする。 ・購買データを分析して，決裁権眼を境にして，異常な件数がないかどうかを分析する（例えば，100万円以上が本社決裁になる場合には，100万円を少し下回る購買データが以上に多く，100万円を少し上回る購買データが少ないなどの状況が発生している場合には，分割購買のリスクが考えられる）。

訂正処理	・訂正処理（振替訂正）について，部署や担当者，サービス・製品毎に発生状況の偏りがないか分析する。その原因を調査して，改善提案を行う（例えば，教育不足，管理者のチェック不足，業務プロセス上の問題など）。 ・販売業務や仕入業務など会計以外の訂正処理について，部署や担当者，サービス・製品毎に発生状況の偏りがないか。 ・訂正処理の理由を調査して，改善提案を行う（例えば，教育不足，管理者のチェック不足，業務プロセス上の問題など）。
電子決裁	・1案件あたりの処理に要する時間を分析し，異常に短い期間や長い期間を要している案件を抽出し，その妥当性をチェックする。（短時間の場合には，内容をよく見ないで決裁していることが推定できる。また，長期間かかっているものは，業務効率の視点から改善できないことがないかどうかチェックする。 ・部署毎や担当者毎に比較分析して，特定の部署・担当者に業務が偏っていないか，時間がかかりすぎていないかなどの異常値を探す。
管理機能の活用状況	・管理画面（例えば，案件毎の利益率，受注状況，受注残件数など）のアクセス状況を分析して，部署や事業所間でバラツキがないか，チェックする。バラツキがある場合には，利益目標の達成率や苦情発生件数などと相関関係がないかどうかチェックする。相関関係がある場合には，管理画面の活用を全社的に推進することを改善提案する。
労務管理	・システムへのログイン・ログオフの時間をIT部門から入手するとともに，人事部門から勤務状況のデータ（残業時間）を入手して，差異がないかどうかを分析する。始業前の勤務時間にも注意して，残業時間の妥当性をチェックする。 ・テレワークについても同様の分析を行う。テレワークは，労務管理が十分に行えないリスクがあるので，特に注意する。 ・離職率を分析し，特定の事業所，入社年次，年齢層に偏っていないかどうかチェックする。偏りがある場合には，その原因を調査して，改善提案を行う。
交際費の分析	・特定の接待先への偏り，特定の担当者への偏りがないかどうか分析する。 ・利用部署，接待先，接待場所の関係を分析し，不自然な支出がないか分析する。 ・土曜日や日曜日の接待を分析し，業務上必要な支出かどうか分析する。 ・接待先・回数・金額等と，当該接待先に対する売上高の相関関係を分析し，異常がないかどうか分析する。
入退出管理	・夜間休日の入退出のログを分析し，異常なもの（入退出時間・在館・在室時間）がないかどうか分析する。 ・監視カメラの録画映像と照らし合わせて，妥当性を分析する。
各種業務システムへのアクセス	・業務システムへのアクセスログ，データの更新時刻，PCへのダウンロード状況などを分析し，異常なものがないかどうか分析する。

出所：筆者作成

4 CAATsによる監査業務の改革

（1）電子監査調書システムとしての利用

監査手続全般の支援ツールとは，いわゆる電子監査調書システムのことである。電子監査調書システムは，監査手続書をシステムに登録して，監査手続を実施した結果，つまり，監査結果（指摘事項・改善提案を含む）を電子監査調書システムに入力する。監査手続がすべて終了すると，指摘事項・改善提案を電子監査調書システムが抽出して，監査報告書案を作成することができる。監査証拠は，デジタル化したものを監査結果欄に添付して記録できるので，後で監査証拠を見直す際に便利である。さらに，フォローアップに関する機能を持ち，監査終了後，一定期間経過した時に監査対象部門にメールを自動的に送信し，回答を促す機能なども有している。

電子監査調書システムは，会計監査など監査手続が決まっている場合や組織が大きな場合には，有用なツールといえる。大規模な内部監査部門では，監査担当者の監査結果を管理者や監査チームリーダーなどがチェックするプロセスになっていることがあるが，電子監査調書システムを利用するとチェックした結果を履歴として残すことができる。

ある内部監査人は，会計監査や個人情報保護監査の場合には，定型の監査手続を行うことが多いので，電子監査調書システムを使いやすいと述べている。しかし，業務改善型の監査を行う場合には，定型の監査手続だけを行うのではなく，監査案件毎に監査手続書を作成するので，電子監査調書システムを利用しにくいといっている。また，電子監査調書システムにあらかじめ登録されている監査手続（会計監査用）があるが，自社の会計監査の監査手続と異なる場合には，修正が必要になるので注意が必要である。

電子監査調書システムを上手に活用すれば，内部監査業務の効率や品質の向上に活かすことができる。

（2）RPAの活用

　RPA（Robotic Process Automation）を用いて，データ分析などの監査業務を効率化することができる。例えば，固定資産管理の状況を監査するために，監査対象部門が保有する固定資産について，取得年度が古い固定資産を抽出したり，一定金額以上の固定資産を抽出したりして，実査用のチェックリストを作成することがある。その際，固定資産システムにアクセスしデータを抽出してこのようなチェックリストを作成する作業を自動化するものである。帰宅時にRPAの処理をスタートさせると，翌日出社したときにはチェックリストが作成されているので，作業の効率化に役立つ。

　以前はEUC（End-User Computing）と呼ばれるツールがあり，業務システムからデータを簡易な方法で自分のPCにダウンロードしてデータ活用を行っていた。RPAは，EUCをさらに高度化したものといえよう。

（3）継続的監査への活用

　CAATsを利用することによって，監査対象範囲を拡大することができ（**図表7-5**），多様なデータを継続的にチェックすることも可能になる。疑義のあるデータを早期発見し，必要に応じてインタビューや往査を実施することによって，原因究明を行い早期に是正させることができる。このようにCAATsを活用すれば，継続的監査，リアルタイムでの監査を実現することも可能になる。さらに，データ分析にAIの技術を採り入れることによって，さらに高度な分析も可能になり，監査の品質向上につなげることができる。

図表7-5　監査対象範囲の拡大

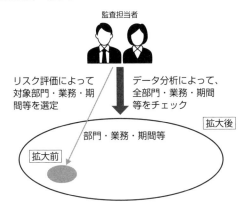

出所：筆者作成

5　CAATsに対する誤解

　CAATsが注目を集めているが，CAATsを使えばすぐに不備事項を発見できるわけではない。CAATsは，疑義のあるデータを発見する技法であり，発見したデータについて，関連資料をレビューしたり，関係者にインタビューしたりしてそれが不備なのかどうかを判断することになる。

　例えば，修繕費で計上した取引のうち高額な取引を抽出し，請求書・納品書・領収書などの証憑や稟議資料をレビューして，計上科目が適切かどうか（固定資産に計上すべき取引かどうか）を検証する。また，年度末に納品された取引を購買データの中から抽出して，証憑をレビューしたり，関係者にインタビューしたりして当該年度に計上すべき取引か，もしくは翌年度に計上すべき取引かどうか確かめる。

　なお，CAATsは，**図表7-6**に示すように，監査プロセス全体における一部分であり，CAATsを導入すればそれで監査がすべてできるわけではないことを理解した上でCAATsの導入を検討するとよい。

図表7-6　CAATsと従来の監査技法の関係

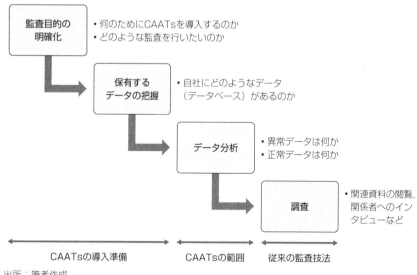

出所：筆者作成

6　デジタル監査証拠

　CAATsの利用に際しては，電子監査証拠（取引データ，アクセスログなど）やデジタル化された監査証拠（例えば，PDFファイル）について理解しておかなければならない（以下，デジタル証拠という）。デジタル監査証拠に関しては，監査証拠と同様に証拠能力を検証した上で監査に利用しなければならない。

　デジタル証拠の真偽を見分ける方法は，紙の証憑の場合と異なる。デジタル証拠は，デジタル化された証憑と，電子データに分けられるが，デジタル化されたデジタル証拠は，紙の証憑をスキャナーで読み込んでデジタル化したものである。例えば，タクシーや飲食店から受領した領収書をスキャナーで読み込んで，電子決裁システムに取り込み，決裁を行うというものである。

この場合には，ファイルのプロパティをチェックして，作成日とデジタル化された証憑の日付の間に不整合がないか確かめるとよい。また，原本を取引の発生源である事業所や部門で保管している場合には，原本を入手して，原本と照らし合わせて内容を確認してもよい。

　一方，電子データの場合には，データの作成プロセスを確認する必要がある。誰が，いつ，どのような方法で電子データを入手したのかを確かめる必要がある。また，当該電子データが改ざんされないような仕組みがあるかどうかについても確かめる。場合によっては，内部監査人立会の下でデータを入手してもよいだろう。電子データの入手では，対象となるデータが適切に入手されていない可能性もあるので，データの入手条件（年月日，部門，勘定科目など）が適切に設定されているかどうかも確かめる必要がある。

　また，偽造が行いやすい環境やプロセスになっていないかどうかも確かめなければならない。ただし，証憑の偽造を見抜く監査技法を身に付けるよりも，デジタル証拠の入手プロセスがデジタル証拠の証拠能力を確保できる仕組みになっているかどうかを確かめることが重要である。具体的には，偽造されるような統制環境かどうか，偽造リスクを評価して，適切なコントロールが構築され運用されているか，管理者がチェックする仕組みがあるか，コントロールがシステム化されているか，などの視点から監査を実施するとよい。つまり，内部監査人は，プロセスに問題がないか（偽造が生まれるようなリスクはないかチェックすること）どうか確かめた上で，デジタル証拠の偽造について監査を実施することが大切である。

7　CAATsとAI監査の違い

　AIは，監査対象として捉えるだけではなく，監査業務でAIを活用するという視点も忘れてはならない。そこで，問題になるのが，CAATsとAIの違いである。AIは，CAATsの一部分と捉えることもできるが，CAATsに

おいては，データ分析の判断を内部監査人が行うのに対して，AIでは内部監査人の判断の一部あるいは大部分をAIに依存することが考えられる。

　例えば，AIによる判断に誤りがあった場合には，監査責任の帰属がどのようになるのかという問題が生じる可能性がある。そこで，内部監査人は，監査判断において，AIに依拠するリスクを十分に認識した上で，AIを監査に導入する必要がある。

　また，監査領域において，AIの導入は，まだ研究段階といえる。監査法人では，AI監査の研究が行われているが，内部監査ではほとんど研究が行われていないのが現状である。AI監査の導入自体が目的化しないように，監査業務へのAIの導入が，どのような目的を持っているのかを明確にする必要がある。

　ところで，AI監査では，分析する際の条件設定をAIに行わせる必要がある。また，複数の異なるデータを比較しながら，分析して疑義のあるデータを抽出することを自動で行わせることが考えられる。例えば，勘定科目と部門の関係（営業所では製造費が発生しないし，工場では販売費が発生しない）を明確にする必要がある。また，夜間休日の顧客情報システムに対するアクセスを分析する際には，システム利用者の担当業務のデータをセットでAIに学習させる必要がある（夜間休日にアクセスが必要な保守部門と一般部門などの組み合わせ）。

　AI監査を成功させるためには，どのような監査がよい監査なのか，つまり，どのような監査を実施したいのかを明確にして，そのためにどのようなデータを発見すればよいのか，どのような分析を行えばよいのを明確にすることがカギになる。この設定を適切に行わなければ，AI導入が監査上有益なものとならないおそれがある。

　また，AIによって分析対象となるデータの設定も重要になる。疑義のあるデータを発見・抽出するためには，どのデータベースを対象にするのか検討することが重要になり，それが適切にできないことが内部監査人にとってのリスクとなる。

　このようなリスクを踏まえると，AI監査を補助的なものと位置付けて，従来型監査と組み合わせて実施，内部監査人教育の実施，AI技術者の確保・育成，監査マニュアルの策定などのコントロールが考えられる。

参考文献

一般社団法人日本内部監査協会（2019）『2017年監査白書』2月25日。
島田裕次（2018）「AIと会計」『CUC View & Vision』千葉商科大学経済研究所，pp.11-13。
島田裕次（2017）「AI，IoT等の発展とシステム監査」『会計・監査ジャーナル』pp.123-129。

COLUMN 3

内部監査部門でのカイゼン

業務の品質を確保あるいは向上させつつ，業務負荷を減らすことは大切だとされる。以前，「カイゼン活動」が注目を集めていたことがあり，現場作業だけではなく，事務作業についても盛んに改善提案を行っていた。筆者も営業所や経理部にいたときに様々な改善提案を行った経験がある。

監査部に異動してからは，データを分析して監査業務の効率化に務めてきた。システムエンジニアやプログラマーの経験があったことと，システム企画部署に在籍していたときに社内にどのようなデータがあり，どのような活用方法があるのかを把握していたことが，データ活用が円滑に推進できた一因になっていると思われる。

CAATsを導入するためには，コストがかかることを忘れてはならない。システム開発は，会計上無形固定資産に計上されるので，企業の場合には，予算編成の際に設備投資予算に計上することを忘れてはならない。また，開発後の運用・保守コスト（経費予算）も必要になる。CAATsを推進するためには，予算担当部門の理解を得ることも忘れないようにしたい。

第 8 章

監査の高度化のために

本章のポイント

　内部監査は，社内規程やマニュアルに従って業務を行っていない場合に指摘や改善提案を行うだけではなく，その原因を究明して業務プロセスを改善するための指摘や改善提案を行うことを目的としている。つまり，経営に資する指摘や改善提案を行うことを目的としており，監査で指摘や改善提案した事項が改善されることによって，経営改善や業務改善につながることが理想である。

　本章では，経営に資する監査を実現するために，未来志向や目的志向の内部監査について説明する。また，CAATsを活用することによって，サンプリング監査から全数監査へと変えることができる。つまり，内部監査のカバレッジを拡大させ，リアルタイムの監査を実現することが可能になる。内部監査の変革の重要性について，ご理解いただきたい。

1 経営に貢献する内部監査

（１）経営に資する内部監査

　これまで，内部監査の手法と技法について紹介してきた。こうした手法や技法を紹介すると，内部監査の手法や技法の習熟だけを目的としてしまいがちになる。内部監査人協会（Institute of Internal Auditors：IIA）の『専門職的実施のフレームワーク（IPPF）』の「内部監査の使命」では，「リスク・ベースで客観的な，アシュアランス，助言および洞察を提供することにより，組織体の価値を高め，保全する」ことが内部監査の使命だとしている。つまり，内部監査の本来の目的は，内部監査を通じて経営に資する「信頼されるアドバイザー」となることである。

　本書で紹介した内部監査の手法や技法は，内部監査の使命を果たすための，道具であることを忘れてはならない。テレワークの急拡大のように内部監査を取り巻く環境変化に速やかに対応し，経営に資する監査を実現するために工夫した監査手法がリモート監査である。また，リスクの変化に柔軟かつタイムリーに対応して経営に貢献できるように考えた手法がアジャイル型監査である。

　それでは，内部監査部門が「信頼されるアドバイザー」になるにはどのようにすればよいのだろうか。「信頼されるアドバイザー」には一朝一夕でなれるものではなく，内部監査を高度化し，内部監査にかかわるステークホルダーとの関係を成熟させていかなければならない。内部監査の高度化のためには，まず自社の内部監査部門の現状の把握からスタートする必要がある。ここでは，内部監査部門の現状を知るための方法を紹介する。

①内部監査の品質評価
　内部監査の高度化がどの程度の水準に達しているかを判断するためには，

内部監査の外部評価を受ける方法がある。IIA『専門職的実施の国際フレームワーク（IPPF）』では，少なくとも5年に1度，IIAで定める基準に適合した内部監査を実施しているかどうかについて，外部評価を受けるように求めている。外部評価で「概ね適合している（GC）」評価を得た場合には，「『内部監査の専門職的実施の国際フレームワーク』に適合している」旨を監査報告書等に記載することができるため（IIA国際基準2430），内部監査に対する信頼感をステークホルダーに持ってもらうことができる。

予算の制約などがあって，外部評価を受けることが難しい内部監査部門や新たに設置された内部監査部門では，一般社団法人日本内部監査協会の発行する『内部監査の品質評価マニュアル　2017年版』に基づいて自己評価を実施して，自社の内部監査の水準を把握してもよい。

その他に，**第1章**で紹介したPwCの内部監査の成熟度モデルを参照して，自社の内部監査がどの水準に達しているかを把握してもよい。また，他社の内部監査部門と交流することによって，自社の内部監査の進め方の現状を理解する方法も有効である。

②金融庁「金融機関の内部監査の高度化に向けた現状と課題」に見る経営監査

第1章で簡単に紹介したが，ここでは，特に経営監査についてどのように紹介されているかを詳細に見てみることで，経営監査とは何かを考えてみる。金融庁のモデル（**図表1-8**）では，内部監査の成熟度を3段階で示しており，経営監査を第3段階に位置付けている。

内部監査の第3段階は，企業のガバナンス，リスクマネジメント，コントロールのプロセスの有効性・妥当性を評価する内部監査を実施し，それらの改善に向けた提案ができる内部監査を実施している状態である。また，経営陣からの内部監査に対する信頼度や期待度が第2段階よりもさらに高まった状態である。

金融庁は，第3段階の経営監査について，次のように説明している（下線は筆者）。

内部監査部門に対する経営陣からの信頼度・期待度，経営陣による監査の理解度が更に高まり，内部監査部門を経営陣への有益な示唆をもたらす有用な部門と捉えている。第二段階の役割に加え，組織体のガバナンス，リスク・マネジメント及びコントロールの各プロセスの有効性・妥当性を評価し，各々の改善に向けた有益な示唆を積極的に提供する役割が求められている。内部監査部門は，経営目線を持つとともに，よりフォワードルッキングな観点から，内外の環境変化等に対応した経営に資する保証を提供している。

具体的には，実質的に良質な金融サービスが提供されているかといった点に重点を置いた監査，経営環境の変化や収益・リスク・自己資本のバランスに着目した監査，経営戦略の遂行状況に対する監査も行われるようになる。これに伴い，よりフォワードルッキングなリスクの識別が必要となる。また，ビジネスモデルやガバナンス等にかかる問題の根本原因の追及が行われるようになる。さらに，グループ・グローバルで業務を展開する金融機関においては，国内外の内部監査拠点との連携・報告連絡体制の見直しや監査手法の標準化等，グループ・グローバルベースでの内部監査態勢の構築がなされるようになる。

（略）

こうした高度化の実施に向けて，大きな課題となるのは，内部監査部門における専門人材の確保である。内部監査部門には，加速する環境変化に対応できる機動性の高い監査を実行するためにも，被監査部署や外部専門家等とのコミュニケーションの円滑化が不可欠であるが，監査対象業務が複雑化していることもあり，組織やビジネス及び監査手法の双方について精通するとともに，複雑で高度な事象を分かりやすく説明できる翻訳力が備わった人材が求められる。

　上記のことから，経営監査は，フォワードルッキングな監査ともいえる。フォワードルッキングな監査は，「未来志向の内部監査」として後述するが，過去に行われた取引や現在課題となっている事柄を監査対象とするだけでなく，将来的に課題となるリスクについても内部監査の対象にすることを意味

する。未来志向の内部監査では，企業文化の監査やDX戦略などの戦略遂行状況の監査，ESGや気候変動への対応状況の監査なども監査テーマになる。

　また，内外の環境変化に対応した，経営に資する保証については，経営戦略の策定に際して，オブザーバーとして参加し，知見を提供することが考えられる。経営についての知見が求められることから，海外企業においてはCEO（最高経営責任者）経験者がCAE（内部監査部門最高責任者）となることもある。

（2）経営に資する内部監査となるためのヒント

①監査手法・技法の確立と標準化

　経営監査というと，「大所高所から眺めて監査する」ことをイメージする人もいるかもしれない。その考え自体に誤りはないが，経営監査は，内部監査人の意見を経営者に伝えて，経営を動かすことを目的にするものではない。繰り返しになるが，経営監査は，準拠性監査やリスクベースの監査の延長線上にあるもので，それらの手法と全く異なる方法で監査することはない。

　経営監査を実施できる段階に到達するためには，準拠性監査やリスクベース監査を適切に実施できる段階に達していなければならない。本書で説明した監査技法や監査手法に習熟し，グループ会社を含めた内部監査部門全体が標準的な手法で内部監査を実施できるようにすることが肝要である。このような取組みを行えば，内部監査の結論が，その裏付けとなる事実に基づいて形成されたものであり，指摘事項や改善提案が適切な監査手続に基づいていると経営者が判断できる。内部監査がこのような水準に達すれば，内部監査の報告に対する経営の信頼度が向上し，経営監査で行った指摘や改善提案が受け入れられやすくなる。

②内部監査部門の人材強化

　監査手法や技法の確立だけでなく，内部監査部門に配置される人材の強化

も不可欠である。内部監査部門には，監査対象部門に対応できる人材を確保するために，支店長や他部門の管理職の経験者を内部監査人として配置することがある。

　しかし，そうした人材だけでは十分ではなく，内部監査が専門職であるという認識を持って，内部監査の専門家を配置して，監査対象部門や専門家とのコミュニケーションを円滑に行えるようにするとよい。例えば，CIA（公認内部監査人）やCISA（公認情報システム監査人）といった資格の保有者を配置したり，公認会計士や税理士などの会計分野の専門家を内部監査人にしたりするとよい。もちろん，現在の内部監査人に対して，これらの資格取得を推奨することも重要である。

　また，「内部監査は全社の業務を見渡すことができる」という利点を活かして，経営幹部や管理職に昇格するための登竜門としての部門に位置付け，優秀な人材が配置されるようにするとよい。そのためには，経営者や人事部門と連携し，内部監査部門における教育開発プログラムを作成・運用することが重要である。

③取締役会との交流

　経営監査を実施するためには，経営者の内部監査への信頼を高めるとともに，内部監査への期待を高める必要がある。CEOや取締役会，監査役会（監査等委員会）との定期的かつ直接的なコミュニケーションをとり，内部監査を理解してもらう必要がある。新任の役員等が着任したタイミングでアポイントをとり，内部監査についての理解を深めてもらうといった手立ても有効である。

　定期的なコミュニケーションとしては，年間監査計画立案に際して，各役員のリスク認識についてインタビューしたり，内部監査の発見事項を役員と共有したりして，相互の理解を深めるとよい。さらに交流を深めるために，議題外のカジュアルな会話を通じて，内外環境についての経営者の認識を知っておくと，内部監査の付加価値を高める上で効果的である。

　さらに監査委員会や監査役会の事務局を担当し，議題を監査委員会等に提案していくことや，必要な経営陣に対してのインタビューに同席することなども有効である。

④コンサルティング業務の充実

　内部監査を必要とするのは，取締役会だけではない。内部監査部門の内部統制やリスクマネジメントに関する知見や検証能力を活用したいと考える業務執行部門もある。システム開発や業務プロセスの設計などについて，システムや業務プロセスを構築した後で，様々な問題が発生したり，内部監査で指摘を受けたりしてから是正するのでは，効率が悪くコストもかかる。そこで，システム開発プロジェクトや業務プロセスの構築プロジェクトを対象にした内部監査を実施し，内部統制やリスクマネジメントに係る問題点を指摘し改善した方が，経営に資する監査を実施することができる。

　ただし，この場合，内部監査部門が業務執行部門の意思決定に参加しないように留意する必要がある。意思決定に参加してしまうと，内部監査の独立性が失われるからである。また，意思決定に参加したプロジェクト等を後で内部監査することになった場合には，内部監査の客観的な姿勢を保つことができず，不備を発見しても指摘が難しくなるからである。

　このような点に留意する必要はあるものの，内部監査部門がコンサルティング業務を行うことによって，業務執行部門を直接支援するだけではなく，経営陣からの期待に応えることができる。例えば，新規事業への進出やシステム開発を行う際に，経営者から当該業務執行部門に対して，「内部監査部門のチェックを受けるように」といわれるようになることが理想である。

⑤データ分析力の強化

　前述のPwCの内部監査の成熟度モデルは，2020年11月に新しいモデルが発表された（**図表8-1**）。以前のモデルとの大きな違いは，次の3点である。
a）準拠性の検証を行う内部監査部門を成熟度1としていたのに対し，そう

した内部監査部門を「最小限の貢献者」という厳しい言葉で表現されるようになっている。

b）今まで階段式に表されていた成熟度は曲線で表現されている。これは，成熟度2から成熟度3になるのが容易ではなく，相当なエネルギーを必要とするというのが理由として記載されている。

c）データ分析能力をそのまま成熟度と紐付けていることである。ビジネスの背景や課題を理解し，整理する力と，データ分析のスキルの双方を兼ね備えることが，これからの内部監査の必須要件となる。

図表8-1　新しい成熟度モデル

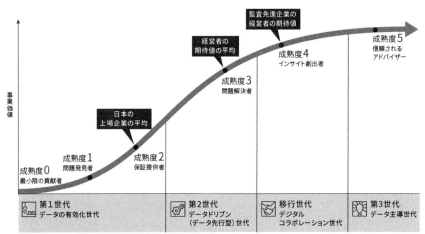

出所：岩永摩美・岡本真一（2020）「リスクアプローチからリスクセンシングへ―リモート前提の内部監査が目指すべき方向性を見極めるための品質評価」『PwC's View』Vol.29, November。

（3）アシュアランス業務とコンサルティング業務

（2）④で説明したコンサルティング業務に関連して，アシュアランス業務とコンサルティング業務は，内部監査の実務家でも誤解が生じやすい概念なので，ここでIIAによる定義を紹介しながら解説する。

　IIAは，アシュアランス業務とコンサルティング業務について，次のように定義している。

・アシュアランス業務

組織体のガバナンス，リスク・マネジメントおよびコントロールの各プロセスにおいて独立的評価を提供する目的で，証拠を客観的に検証すること。

・コンサルティング業務

助言およびそれに関連した依頼者向けの業務活動であって，その活動の内容と範囲は，依頼者のそれによるものであり，内部監査人が経営管理者の職責を負うことなく，価値を付加し，組織体のガバナンス，リスク・マネジメント，およびコントロールの各プロセスを改善することを意図したものである。

　この2つの業務の違いを図にすると**図表8-2**となる。

　アシュアランス業務においては，内部監査部門は，業務執行部門を監査し，その結果を監査依頼権限者（取締役会等）に報告する。監査対象や監査対象範囲は，監査委員会等で承認されたものを監査する。一方，コンサルティング業務は，業務執行部門等が内部監査部門に依頼することからスタートする。監査対象範囲や成果物について業務執行部門と合意した上で，コンサルティング業務をスタートする。そのため，成果物は，必ずしも監査報告書でないこともある。監査（コンサルティング）結果も，取締役会等への報告は，必須ではない。

　内部統制やリスクマネジメントの不備を指摘するのがアシュアランス業務あり，改善提案を行うのがコンサルティング業務だと考える方もいる。しかし，IIAの定義によれば，監査報告書を活用するのが誰かによってアシュアランス業務とコンサルティング業務を分けているため，アシュアランス業務の中で改善提案を行うこともアシュアランス業務に含まれる。

　アシュアランス業務とコンサルティング業務との違いは，内部監査の実務

図表8-2　アシュアランス業務とコンサルティング業務の違い

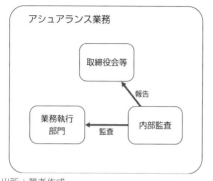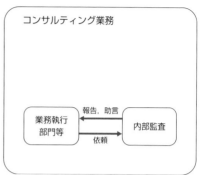

出所：筆者作成。

家でさえ混同することがある。そのため業務執行部門にとって，アシュアランス業務以上に理解が難しいのが，コンサルティング業務だといえる。コンサルティングという言葉から，コンサルティング会社の実施するような業務を想像されてしまうと誤解が生ずる。内部監査がコンサルティング業務で実施することは何か，責任の範囲はどのようなものであるかといったことを事前に説明することによって，後で業務執行部門とのトラブルを回避することが望ましい。

　ところで，内部監査部門の成熟度が前述の第二段階に到達する前にコンサルティング業務を実施するのは避けた方がよい。まず，内部監査のあるべき姿を経営者や業務執行部門に十分に理解してもらうことが重要だからである。企業内の内部監査に対する認識や，内部監査部門の実力が高まってから，コンサルティング業務を実施すると，理想とする「信頼されるアドバイザー」に近づきやすい。

2　未来・目的志向の内部監査

（1）未来志向の内部監査

①準拠性監査からリスクベース監査へ

　準拠性監査を中心としている内部監査部門では，内部監査は過去の事象を検証するものだという誤解が生じやすい。準拠性監査ではなくても，公認会計士が行う財務諸表監査のように，過去の一定期間を対象として，その期間中の取引などの適切性を検証するというアプローチをとることが多い。この場合には，監査対象取引の中に問題が発見されなければ指摘をしないことになる。

　しかし，未来志向の内部監査では，このような現在や過去の問題点だけではなく，将来発生する問題やリスクを指摘し改善提案を行う。未来志向の内部監査を実現するためには，監査対象部門にも未来志向型監査の趣旨をよく理解してもらう必要がある。第1段階の内部監査が，社内規程等への準拠性を監査していたので，指摘事項は，「やらなければならないものをやらなかった」ということになる。

　しかし，未来志向の内部監査を行う際には，監査対象部門に対して，いわゆるチェックリストで評価する監査を行うのではないことを，キックオフ・ミーティングなどで説明し納得してもらう必要がある。また，現時点の課題だけでなく，将来的な課題についても，監査対象部門に対するインタビュー等を通じて監査対象部門の課題認識の程度を確認しておく。例えば，事業計画に基づく事業の見通しや，新商品等の企画，後継人材の育成計画といったことをインタビュー項目にしておくとよい。このようにインタビューの内容を変えると，内部監査部門は，未来の事項についても議論をする部門だと監査対象部門に認識してもらうことができる。

②年間監査計画の機動的な変更

　個々の内部監査案件だけでなく，内部監査部門全体を未来志向とするためには，年間監査計画で未来を見据えた監査テーマを設定することが求められる。そのためには，リスク管理部門とエマージングリスク（将来リスク）について話合い，共通のリスク認識を持っておくとよい。ただし，現在は「過去の延長線上に未来はない」，「超VUCAの時代」ともいわれ，未来志向をしたとしても先を見通すことがなかなかできない時代である。年間監査計画を策定していても，監査を実施する頃には，監査テーマのリスクが小さくなったり，監査テーマ以外の新たなリスクが生じたりすることがある。未来志向の内部監査では，社内外の状況変化に柔軟に対応して，監査計画を変更するなどの取組みが重要になる。

（2）目的志向の内部監査

①目的思考の内部監査の必要性

　目的志向の内部監査を実施するためには，経営戦略，計画を理解する必要があり，監査対象部門が達成したい目的を理解しなければならない。これも，準拠性監査を実施しているときにありがちな例ではあるが，ルールどおりに実務が行われていなかったので指摘するケースがある。しかし，本来は実務の目的をよく確認して，本来修正すべきはルール（規程）ではないかと検討する必要がある。このような考え方を行うために参考となるブレイクスルー思考を利用した監査を紹介する。

②ブレイクスルー思考監査

　目的志向に特化した監査として，ブレイクスルー思考を使用した監査がある。「内部監査へのブレイクスルー思考の適用可能性に関する研究」[1]を紹介する。

　ブレイクスルー思考は，1990年ナドラー及び日比野によって公表された。

問題解決の手法である。ブレイクスルー思考は，思考のパラダイムシフトを行ったものであり，従来の思考方法，すなわちナドラー及び日比野が「デカルト思考」と呼ぶ思考方法とは全く異なるものである。デカルト思考では，問題点を洗い出し，それに対する解決策を検討するという問題解決のアプローチをとっている。例えば，問題のあるプロセスを別のプロセスへの置き換えや，問題部分のあるプロセスの除去という対策を講じることによって，問題解決を図るものである。(**図表8-3**)

図表8-3　デカルト思考の思考プロセス

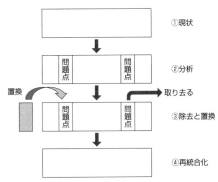

出所：島田裕次（2010）「内部監査へのブレイクスルー思考の適用可能性に関する研究」『現代監査』No.20，pp.99-109。

　これに対して，ブレイクスルー思考では，「目的は何か」というアプローチで問題解決を行う（**図表8-4**）。準拠性監査においては，既存のガイドラインや法令等を基にチェックリストを作成することが一般的であるが，ブレイクスルー思考においては，異なるフレームワークを活用する。

　特に，原則2の「目的展開の原則」を適用することで，目的志向の内部監査を実施することができる。まず，そのプロセスや業務の「目的」について検討することが大切である。

　RCM（リスク・コントロール・マトリクス）を作成するときも，プロセスの目標を明確にし，そのリスクを考えていくことで根本のリスクに辿り着

くことができる。そのため，RCMのリスクの横にプロセスの目標を記載する企業もある。

図表8-4　ブレイクスルー思考の7つの原則

	原則	内容
1	ユニーク「差」の原則 一成功事例を探し回るな	あなたの問題や機会が、ほかとまったく違うのだと想定せよ。事例をコピーすることから始めるな。
2	目的展開の原則 一目的を再定義せよ	「コンポン」を問え。目的の目的を問い拡大せよ。達成すべきできるだけ大きな目的を選択せよ。
3	未来から学ぶ「あるべき姿」の原則 一究極に挑戦せよ	「コンポン」ベースのあるべき姿を求めよ。そして未来のあるべき姿から学べ。
4	システムの原則 一仕組づくりを徹底せよ	万物をシステムとして捉えよ。目的・全体・連動性に注目せよ。
5	目的「適」情報収集の原則 一問題の専門家になるな	解決策を創るための情報を最小限に目的「適」に集めよ。
6	参画、巻き込みの原則 一時間とともに価値観と行動を変えよ	情報は、人間の頭の中にある。集合天才を創れ。悟りこそ自己変革を生み出す。すべての局面で、人々を関与・参画させ、悟らせよ。
7	継続変革の原則 一次の手を打ち続けよ	解決策に、未来の変革の種を埋め込め。「永遠に優れた解決策」は存在しない。

出所：島田裕次（2010）「内部監査へのブレイクスルー思考の適用可能性に関する研究」『現代監査』No.20, pp.99-109。

3　監査概念の変革

（1）サンプリングから全数調査へ

　従来の内部監査では，業務プロセスが紙ベースであり，内部監査部門のリソースが限られていたので，サンプリングで調査することがほとんどであった。何十箱も段ボールを取り寄せて帳票を確認することは難しいからである。

また，「サンプリングで何件とるのが統計的に正しいのか」という議論は，神学論争に近いレベルで回答が出ず，内部統制の有効性評価で使用されているサンプリング数の表を簡便法として適用する内部監査部門も多い。

　第1節で紹介した内部監査の新たな成熟度モデル（図表8-1）には，データ分析能力によっても成熟度が異なるという着眼点が追加されている。その中で「信頼されるアドバイザー」となっている内部監査部門では，全データ，全事業プロセスを監査対象とするということも記載されている。DXが進み，すべての取引がデジタルで実施されるようになれば，サンプリングという考え方を使用しなくても，全数調査することが容易になる。

（2）継続的モニタリングへ

　全数調査が可能になれば，監査期間中に監査対象期間の取引に限定して確認する必要がなくなるということになる。監査期間とは関係なく常にモニタリングを実施し，内部統制の不備が出た場合に業務執行部門に連絡すればよい。そうすれば，発見された都度，業務執行部門に連絡することができる。一度モニタリングのスキームを構築した後は，IIAが提唱する「3ラインモデル」のうちの第2ラインにそのスキームを移管する。つまり，モニタリングの運用は第2ラインが実施し，内部監査部門は常に新しいスキームを構築するとよい。

（3）リスクの検知

　内部監査部門は，個々の内部監査で内部統制の不備を発見するスキームを構築するだけでなく，リスクが高まってきていることを検知するスキームを構築することも可能になる。業務のモニタリング機能は第2ラインにあることが多いが，第2ラインで行われるモニタリングは，情報管理の点などからもその部門が保有しているデータのみで実施されることが多い。内部監査部

門は，すべての情報にアクセスできるという利点を活かし，部門を超えたデータの相関分析を行うことによって，経営者に助言することができる。

　例えば，人事部門が保有している勤怠データと，総務部門が保有しているビルへの入退館のデータ，情報セキュリティ部門が保有しているPCの操作ログのデータの整合性をチェックすることで，労務管理が適切に行われていない可能性のある社員の一覧を洗い出すといったようなことが考えられる。

4　GRCシステムの活用

（1）GRCシステム

　こうした監査概念の変革を後押しする可能性のあるツールがGRCシステムである。GRCとは，ガバナンス，リスク，コンプライアンスの略語である。GRCは，「the integrated collection of capabilities that enable an organization to reliably achieve objectives, address uncertainty and act with integrity（組織が確実に目標を達成し，不確実性に対処し，誠実に行動することを可能にする能力の統合された集合体）」[2]と定義されている。GRCシステムは，ガバナンス，リスク，コンプライアンスに関係する各部門から別々に上がってくる報告を一元管理することを目的としたツールである。ガバナンス・リスク・コンプライアンスといったエリアの情報を一元管理し，全社的な管理を行うことを目標にしている。GRCそのものは概念であるため，人的交流や定期的な会議体による情報共有などが行われることもある。

　GRCシステムはそうした情報共有をするためのシステムである。

　図表8-5に示すように，担当部署がバラバラに保有していたデータを一か所に集めそれを分析したり，部署同士でワークフロー機能を共有してコミュニケーションを向上させたりすることができる。

図表8-5　GRCシステム　概念図

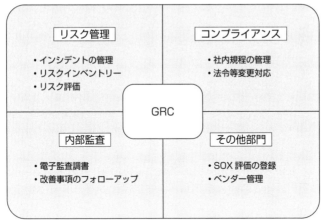

出所：筆者作成。

　日本でも，RSA Archer GRC Platform，IBM OpenPages GRC Platform，SAP，ServiceNowといった様々なGRCシステムを利用することができる。こうしたGRCシステムの特徴は，前述のように，複数部門で１つのツールを利用することである。例えば，内部監査の発見事項に対する是正措置のフォローアップでは，改善期限が来ると督促メールが自動発信され，監査対象部門が直接是正措置の結果を，証跡を添付してアップロードする。内部監査部門は，それを確認すればよいので，双方の作業工数が大幅に削減できる。この他にも，SOX（内部統制の有効性評価）などのモジュールがあるため，内部監査テーマに関連するSOXのコントロールとその整備状況をGRCシステムで確認できる。GRCシステムを利用していれば，部門横断的なデータ分析が可能になり，オフサイトモニタリング（往査しないで監査対象部門の状況をモニタリングすること）の高度化にもつながる。

　ガバナンス，リスク，コンプライアンスの情報を一元管理するというGRCシステムのコンセプトが実現すれば，GRCシステムからデータを抽出できる。その他に，システムリスク部門による情報セキュリティリスクの評

価，コンプライアンス部門や事務リスク部門による事故情報，顧客の苦情の
データなどから，リスクの高いエリアを監査テーマにしたり，監査対象部門
の選定に使用したりすることができる。

　そのためには，なるべく多くの部門がこのシステムを利用する必要がある。
普段からシステムを利用していなければ，情報が更新されなかったり，分析
したいデータが業務執行部門によって更新されなかったりして，役に立たな
いシステムになってしまう。

（2）GRCシステムによる内部監査報告書の作成

　将来的には，GRCシステムを次のように使用することができると考えら
れるので，今後の参考にされたい。
・GRCシステムの中に格納されているリスクのインベントリーを利用して，
　全社的にリスクが高いと思われるエリアを監査対象として選択する。
・監査中に発見事項があった場合には，即座にGRCシステムのリスクイン
　ベントリーに発見事項を入力する。
・発見事項は，リスク管理，コンプライアンス，第2ラインの各部門とタイ
　ムリーに連携する。
・業務執行部門（第1ライン）による事実確認，必要に応じて是正策が入力
　された後で，第2ラインでリスクの大きさに基づいてリスク評価を行い全
　社的な対策を検討する。
・内部監査部門は，GRCシステムに入力された新たな内部統制の設計を評
　価し，運用評価につなげる。

　このようなプロセスで内部監査を実施できるようになれば，今までのよう
な内部監査報告書を作成する必要はなく，監査での発見事項とそれの対応策
を，GRCシステムから出力するだけでよい。
　近未来的な話になるが，リモート監査とこうしたツールを組み合わせるこ

とによって，現在のような監査報告書を作成しなくても済むようになるのではないだろうか。例えば，発見された事項やリスクの増大が懸念されている事項をGRCシステムに入力し，監査対象領域の担当者等と議論しながらリアルタイムに問題点を解決していく。少し飛躍しすぎかもしれないが，監査を高度化する際，内部監査部門としてどこまでダイナミックに方針を変更できるかを考えておくことも内部監査部門にとって重要なことだといえる。

5　AIを利用した監査

　第7章第7節でも触れたが，本章の最後でもAIを利用した監査の可能性について検討する。AIについては，統一された定義はないとされているが，AIネットワーク社会推進会議「AI利活用ガイドライン」では，「『AI』とは，『AIソフト及びAIシステムを総称する概念』を言う」とし，「『AIソフト』とは，データ・情報・知識の学習等により，利活用の過程を通じて自らの出力やプログラムを変化させる機能を有するソフトウェアをいう。例えば，機械学習ソフトウェアはこれに含まれる。」としている。

　また，「『AIシステム』とは，AIソフトを構成要素として含むシステムをいう。例えば，AIソフトを実装したロボットやクラウドシステムはこれに含まれる。」としている。

　会計監査や不正検知の分野ではAIの利用が試行され始めているが，コストがかかるので，内部監査でAIを利用して，AIが監査調書を作成するという時代は，もう少し先かもしれない。しかし，DXの推進に伴って，データがテキストだけでなく，写真やプレゼン資料などが画像で保存されるようになり，AIにかかるコストが低減すれば，AIを利用した監査が進展するかもしれない。

　AIを利用した監査は，**図表8-6**のようなプロセスになると考えられる。当然のことながらAIが最初から正確に監査ができるわけではない。また，AI

図表8-6　AIを利用した内部監査のプロセス

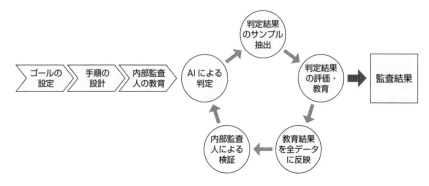

出所：筆者作成

の中身自体がブラックボックスであり，どのように学習したか，判定したか
を保証したり証明したりすることが難しい。そのため，実際の監査を行う前
には，内部監査人の判断に近い判断ができるように，AIに学習させる必要
がある。

　AIの利用に当たっては，情報セキュリティを確保するだけでなく，AI倫
理に関する方針も策定して内部監査人を教育する必要がある。

　DXが完了した企業において，AIを利用した監査を実施すれば，内部監査
部門は少数精鋭でも十分にその機能を発揮できるようになるかもしれない。
テクノロジーを駆使して，アジャイルに内部監査を実施し，結果を報告書と
いう形に拘わらず，常に必要な人に伝達できるようになる。そうすることで
組織体の価値の向上に貢献することが将来の内部監査の姿となるだろう。

注

1 ）島田裕次（2010）「内部監査へのブレイクスルー思考の適用可能性に関する研究」『現代監査』
　　No.20，pp.99-109。
2 ）Scott L. Mitchell（2007），"GRC360: A framework to help organisations drive principled
　　performance", *International Journal of Disclosure and Governance*.

参考文献

一般社団法人日本内部監査協会（2017）『専門職的実施の国際フレームワーク』。

一般社団法人日本内部監査協会（2019）『内部監査の品質評価マニュアル 2017年版』。

一般社団法人日本内部監査協会（2021）「取締役会との意思疎通」『月刊監査研究』Vol.47, No.11。

岩永摩美・岡本真一（2020）「リスクアプローチからリスクセンシングへ―リモート前提の内部監査が目指すべき方向性を見極めるための品質評価」『PwC's View』Vol.29, November。

AIネットワーク社会推進会議（2019）「AI利活用ガイドライン」。

金融庁（2019）「金融機関の内部監査の高度化に向けた現状と課題」6月。

島田裕次（2010）「内部監査へのブレイクスルー思考の適用可能性に関する研究」『現代監査』No.20, pp.99-109。

COLUMN 4

何が高度化された監査なのか

　監査の高度化は，しばしば用いられる用語であるが，どのような監査を行えば，高度化するのだろうか。『広辞苑』によれば，「高度」には，「高さの度合い，高さ」，「地平線から天体に至る角距離」，「程度が高いこと」の3つの意味があるが，監査の高度化については，監査の程度が高いことを意味している。それでは，どのような監査を行えば，程度が高い監査といえるのか。

　監査の成熟度の視点から見ると，「信頼されるアドバイザー」のレベルの監査を実施している場合が高度化された監査といえる。また，今までとは異なる監査手法・技法を採用して，監査のカバレッジを拡大したり，タイムリーに監査報告を行ったりしている監査といえよう。本書で紹介した，CAATsは，監査のカバレッジを拡大する監査技法であり，アジャイル型監査は，リスクの変化に対応してタイムリーな報告を行う監査手法である。

　高度化された監査を行えば，社外から注目されることになり，監査の取組みについて教えてもらいたいという依頼が集まることになる。筆者も総合監査，CAATs，システム監査などの様々な取組みを行っていた時に社外から多数の問合せがあったことを思い出す。

　監査の高度化に向けたチャレンジを行う内部監査部門を目指すことを期待している。

索　引

184

【著者】

島田裕次（しまだ　ゆうじ）〔本書全体監修，本書の読み方，第6・7章，コラム1〜4〕

　博士（工学）。1979年早稲田大学政治経済学部卒業。1979年東京ガス株式会社入社，2000年同社監査部，2009年同社退職，2009年〜2022年東洋大学総合情報学部教授，2022年〜東洋大学工業技術研究所客員研究員。

　情報処理技術者試験試験委員。システム監査技術者（経済産業省），公認情報システム監査人（CISA），公認内部監査人（CIA），公認情報セキュリティマネージャー（CISM）。

著書：『はじめての内部監査』（日科技連出版社，2020年），『よくわかるシステム監査の実務解説（第3版）』（2019年，同文舘出版），『内部監査の実践ガイド』（編著，日科技連出版社，2018年），『この一冊ですべてわかる情報セキュリティの基本』（日本実業出版社，2017年），『内部監査人の実務ハンドブック』（日本内部監査協会編，共著，日科技連出版社，2007年），『最新J-SOX法がよ〜くわかる本』（秀和システム，2007年）など

荒木理映（あらき　りえ）〔第1・2・5・8章〕

　2001年東京大学大学院人文社会系研究科修士課程修了。2002年米国系損害保険会社入社後，主に外資系保険会社にて一貫して内部監査に従事し，2019年アフラック生命保険株式会社入社。現在，内部監査部長。

　公認内部監査監査人（CIA），公認不正検査士（CFE），認定スクラムプロダクトオーナー（RPO）。

著書：『内部監査の実践ガイド』（共著，日科技連），『内部監査：アシュアランス業務とアドバイザリー業務（第4版）』（翻訳協力，2021年，日本内部監査協会）」など

設楽隆（したら　りゅう）〔第3・4章〕

　2001年明治大学商学部卒業。2001年アフラック（現　アフラック生命保険株式会社）入社後，営業・マーケティング部門を経て，2013年より内部監査部に所属。現在，内部監査部監査第一課長。

　公認内部監査人（CIA），認定スクラムプロダクトオーナー（RPO），認定スクラムマスター（CSM）。

【協力者】

　本書の刊行にあたっては，アフラック生命保険株式会社の松本佳子氏，高辻奈保子氏，高橋光輝氏のご協力をいただいた。心より御礼を申し上げたい。

※なお，本書で執筆者の意見として述べている部分は個人的見解に属するものであり，アフラック生命保険株式会社の統一的な見解を示すものではない。

2022年9月30日　初 版 発 行
2024年8月30日　初版4刷発行　　　　　　　　　略称：DX内部監査

DX時代の内部監査手法
―アジャイル型監査・リモート監査・CAATs―

	島	田	裕	次
著　者　Ⓒ	荒	木	理	映
	設	楽		隆
発行者	中	島	豊	彦

発行所　**同 文 舘 出 版 株 式 会 社**

東京都千代田区神田神保町1-41　　　　　〒101-0051
電話　営業(03)3294-1801　　　　　編集(03)3294-1803
振替 00100-8-42935　　　　　https://www.dobunkan.co.jp

Printed in Japan 2022　　　　　　　　　製版：一企画
　　　　　　　　　　　　　　　印刷・製本　萩原印刷

ISBN978-4-495-21039-7